수상록 선집

식인종에 대하여 외

DES CANNIBALES

수상록 선집

식인종에 대하여 외

DES CANNIBALES

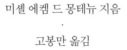

미셸 에켐 드 몽테뉴 지음

·

고봉만 옮김

책세상

일러두기

1. 이 책은 미셸 에켐 드 몽테뉴의 《수상록Les Essais》 가운데 제1권 30장 · 36장 · 50장, 제2권 19장, 제3권 6장 · 11장을 우리말로 옮긴 것이다.

2. 번역 대본으로 장 발자모Jean Balsamo, 카트린 마니앵-시모냉Catherine Magnien-Simonin, 미셸 마니앵Michel Magnien이 편집한 *Les Essais*(Paris: Gallimard〔Bibliothèque de la Pléiade〕, 2007)를 사용했다.

3. 인용 단락의 출처를 제외한 주는 모두 옮긴이 주다.

식인종에 대하여 외-수상록 선집 | 차례

1562년 10월, 몽테뉴는 루앙에서 브라질 원주민 세 명을 만난다. 이들과의 만남은 몽테뉴가 새로운 대륙에 대해 평생토록 관심을 갖는 결정적 계기가 되었다. 콜럼버스가 이른바 '신대륙'을 발견한 지 70년이 지난 당시에도 여전히 그곳은 유럽인에게 미지의 땅이자 지구 저편에 실제로 존재하는지조차 의심스러울 만큼 경이로운 세계였다.

몽테뉴와 동시대를 산 사람들이 겪은 충격은 에라스무스의 《대화집Colloquia Familiaria》에 나온 푸주한과 생선 장수의 대화와 같았을지도 모른다. "최근에 나는 커다란 화포畫布에 그려진 세계지도를 보았다네. 그러곤 깨달았지. 기독교를 중심으로 받드는 지역이 이 세계의 극히 일부분에 지나지 않는다는 걸 말일세. 유럽의 서쪽, 북쪽 일부와 남쪽이 포함되고, 동쪽으로는 폴란드가 한계인 것처럼 보이더군. 나머지는 야만인, 이단자와 분리주의자로 득실득실해."[1]

당시 보통의 유럽 사람들이 보기에 신대륙의 발견은 '코페르니쿠스의 혁명'만큼이나 놀라운 사건이었다. "신이 이 세상을 성부, 성자, 성령의 삼위일체와 동일하게 창조했기 때문에 세상에는 유럽, 아프리카, 아시아, 이렇게 세 대륙만 있다"[2]고 믿었던 유럽 사회에 이와 같은 지리적 확장은 커다란 문화적 충격이었다. 몽테뉴 역시 꽤 오랫동안 혼란과 두려움을 느꼈다. 하지만 신대륙의 이야기를 폭넓게 접하면서 몽테뉴는 익숙하게 여겼던 것들을 다르게 바라보는 법을 인식하게 되었다.

신대륙 발견 이후 유럽 사회에는 바깥 세계의 주민과 문화에 대한 정보가 물밀듯이 쏟아져 들어왔다. 하지만 그중에는 사실과 어긋나는 것도 많았다. 몽테뉴는 이에 대한 답답함을 다음처럼 토로한다. "어쩌면 우리에게 필요한 것은 각자 간 적이 있는 지방에 대해 정확히 말해주는 지리학자일지 모른다. 하지만 지리학자는 우리는 보지 못한 팔레스타인 성지에 가보았다는 우월감 때문에 세계의 모든 곳을 아는 척하는 특권을 누리려고 한다. 나는 사람들이 자신이 잘 아는 주제에 대해서든 잘 모르는 주제에 대해서든 아는 만큼만 써주었으면 한다."(제1권 30장)

몽테뉴는 1562년에 샤를 9세를 따라 루앙에 갔고, 브라질 구아나바라만(리우데자네이루만)의 프랑스 식민지인 '남극 프랑스령'에서 온 사람들[3]을 만나 통역을 거쳐 긴 시간 동안 대화를 나누었다. 비록 간접적인 대화였고 통역이 얼마나 정확했는지 확신할 수 없지만, 그는 이 대면을 통해 신대륙과 그곳의 원주민들에게 큰 매력을 느꼈다. 몽테뉴는 신대륙에서 원주민이 사용하던 물품들을 자신의 탑⁴ 안에 있는 진열장에 소중히 보관하기도 했는데, 이는 "침상과 작은 끈, 칼과 전투할 때 손목을 보호하는 나무 팔찌, 한쪽 끝이 뚫려 있어 그쪽에서 나는 소리로 춤을 출 때 박자를 맞추던 커다란 관 모양의 기구 등을 요즘 곳곳에서 볼 수 있는데, 물론 우리 집에도 있다"(제1권 30장)라는 구절에 드러나 있다.

원주민과의 만남은 몽테뉴의 상상력을 자극했다. 그는 신대륙에 대한 구할 수 있는 자료는 모두 구해 읽었다. 연구에 따르면 몽테뉴는 코르테스의 비서였던 고마라Lopez de Gomara가 쓴 《인도 통사Historia general de las Indias》와 라스 카사스 신부 Bartolomé de las Casas의 《인도 파괴에 관한 간략한 기술Brevisima relación de la destrucción de las Indias》[여기서 인도는 신대륙을 가리킨다]의 프랑스어 번역판을 읽었고, 특히 가톨릭교도인 앙드레 테베와 프로테스탄트인 장 드 레리가 신대륙 프랑스령 식민지의 원주민에 대해 각자 정반대의 입장에서 쓴 책을 탐독했다고 한다.⁵

몽테뉴는 신대륙 발견이 불러온 충격과 혼란 속에서 '타인이란 무엇인가', '우리는 누구인가'라는 새로운 고민에 천착했다. 신대륙의 부富는 그의 관심사가 아니었다. 몽테뉴는 무엇보다 야만인, 미개인, 식인종이라 불리는 원주민들에 대해 관심이 있었다.⁶

"사람들이 내게 전해준 바에 따르면, 그 나라에는 야만적이고 미개한 것은 전혀 없는 듯하다. 사람은 누구나 자기 관습에 없는 것을 야만이라 단정하여 부를 뿐이다. 실제로 우리는 자신이 사는 고장의 사고방식이나 관습, 그리고 직접 관찰한 사례를 제외하면 진리나 이성의 척도를 갖고 있지 않다. 하지만 신대륙에도 역시 완전한 종교와 완전한 정치가 있고, 모든 것에 대한 완벽하고 비할 바 없는 관습이 있다."(제1권 30장)

신대륙 주민의 식인 행위에 대해서는 몽테뉴가 살았던 시대에 이미 알려져 있었다. 16세기 포르투갈 해군으로 복무했던 독일의 한스 슈타덴Hans Staden은 브라질 아마존의 원주민 부족인 투비남바족에게 9개월간 사로잡혔다가 탈출해 돌아와 그들의 식인 행위를 널리 알렸다. 몽테뉴도 이들의 풍습에 관한 책을 읽었을 것이다. 그는 이 잔인한 의식을 애매모호하게 얼버무리지 않았다. "이들은 희생자를 산 채로 불에 던져넣고, 반쯤 구워졌을 때 꺼내서 심장과 내장을 뽑아낸다. 다른 이들은 살갗을 산 채로 벗겨 피가 뚝뚝 떨어지는 그 살갗을 뒤집어쓰거나 옆 사람에게 씌워주는데, 심지어 여자들도 그렇게 한다."(제1권 29장)

몽테뉴는 식인 풍습이 잔인한 것은 분명하지만, 한편으로는 유럽인에게 낯설기 때문에 과한 이질감을 일으켜 '야만'이라 불리는 것이라고 말한다. 그는 포르투갈인들이 포로를 잡으면 허리까지 땅속에 묻고 바깥으로 나온 몸통에 많은 화살을 쏜 다음 목을 매달아 죽인다고 지적하면서, 가까운 곳에서 이처럼 끔찍한 일이 벌어지고 있지만 유럽인들은 이에 대해서 습관적으로 대수롭지 않게 받아들인다고 했다. "나는 사람들이 이러한 행동이 흉측하고 야만적인 행위라고 비난하는 데 분개하는 것이 아니다. 오히려 우리가 그들의 잘못은 곧잘 비판하면서도 우리 자신의 야만 행위는 똑바로 보지 못하는 것이 서글플 뿐이다."(제1권 30장)

몽테뉴는 야만과 문명의 구분을 없애려고 한 것이 아니라, 야만과 문명을 구분하는 방식을 수정하려 했다. 그는 신대륙 원주민들의 식인 풍습을 야만적이라 부르는 사람들이 이성에 바탕을 두고 있지 않다고 비판한다. "우리는 이성의 법칙에 비추어서 그들을 야만인이라고 부를 수는 있지만, 우리와 비교해서 그렇게 부를 수는 없다. 우리야말로 모든 야만스러움에서 그들을 능가한다."(제1권 30장)

우리는 우리와 다른 것들에 대해 본능적으로 거부감을 느낀다. 그리고 일상적 관습이나 생활양식에 어긋나는 것들에 당혹스러워한다. 그러나 단지 우리에게 낯설고 이질적이라는 이유로 '야만적'인 것, '부적절한' 것이라고 여겨서는 안 된다.

몽테뉴는 "우리는 자신이 사는 고장의 사고방식이나 관습, 그리고 직접 관찰한 사례를 제외하면 진리나 이성의 척도를 갖고 있지 않다"라고 말하면서, 자민족중심주의가 지닌 편협함, 배타성, 그리고 '애처로운' 우월감을 비웃는다. 그는 자신의 동포에게 "너 자신을 알라"라는 "고금을 통틀어 가장 현명한 사람"의 가르침7을 진지하게 받아들여 자신을 되돌아보고 거울을 보면서 나는 무엇을 보고 있는지, 나는 무엇을 알고 있는지, 나는 누구인지를 성찰하라고 말한다.

이렇게 몽테뉴는 소크라테스를 모델로 삼아, 만물은 "백 개의 팔다리와 얼굴을 가지고 있다"(제1권 50장)는 점을 상기하면서 끊임없이 자신과 주변 사람들의 동기와 행동거지를 살피고, 다른 사람의 입장이 되어보려고 노력하며 폭넓은 관점을 가지려 했다. 그러면서 그는 자신을 포함한 인간 세계의 모든 것을 관찰하고, 타인의 말을 경청했으며, 다른 고장이나 외국에 가는 일을 즐겼다.

몽테뉴 하면 흔히 서재에 파묻혀 바깥 출입을 하지 않고 부단히 읽고 쓰기만 하는 작가의 모습을 떠올린다. 하지만 이 또한 우리의 편견이다. 그는 매우 적극적으로 바깥 세계와 접촉했고, 문화와 사회적 배경이 다른 여러 사람과의 교제를 즐겼다.

대화를 통해 서로 다른 의견을 교환하면서 몽테뉴는 자신 안에 전통이나 관습에 얽매이지 않고 이성을 과신하지도 않는 건전한 판단력이 있다는 것을 깨닫는다. "나는 나만의 기준으로 남을 판단하는 흔해 빠진 잘못을 저지르지 않는다. 나는 남이 나와 다르다는 것을 기꺼이 인정한다. 내가 어떤 것을 택했다 해서 보통의 사람들이 그러듯이 남도 그것을 따르라고 강요하지 않는다. 나는 서로 다른 수많은 삶의 방식이 있음을 이해한다. 그리고 여느 사람들과는 달리, 우리 사이의 공통점보다 차이점을 더 쉽게 받아들인다. 나는 되도록 남들을 내 생활 규범이나 준칙에서 해방시켜, 그를 오직 그 자신으로서 고찰한다."
(제1권 36장)

남과의 대화에서 대립과 갈등을 피할 수는 없다. 몽테뉴는
"상반되는 의견들을 부드러운 눈길로" 바라보고, 반대되는 판단
에 분개하거나 흥분하지 말고, 그것이 자신을 "눈뜨게 하고 단
련시킨다"(제3권 8장)고 생각하라고 말한다. 설사 분쟁과 다툼
이 있더라도 타인과 대화를 즐기라고 조언하며, 그런 과정을 통
해 우리의 사고는 넓고 유연해지며, 타인에 대해 신중함과 중용
을 가질 것이라고 한다.

몽테뉴가 가장 혐오한 것은 자신의 독단에 갇히는 것이다.
"자신의 경향에만 사로잡혀, 거기서 벗어나지 못하고 그것을 변
화시키지도 못한다면, 우리는 우리 자신의 친구가 될 수 없으며
자신의 노예가 될 뿐인 것이다."(제3권 3장) 타인과의 대화는
우리를 독단과 아집의 위험에서 구해주는 가장 확실한 방법 가
운데 하나다. 그러나 여기에는 한 가지 조건이 있다. 자신과 다
른 존재, 즉 타인을 대화의 대등한 상대로 인정하고 선입관이나
편견 없이 그의 의견을 받아들이는, 열린 마음을 가져야 한다는
것이다.

우리는 타인의 생각, 풍습, 독특한 행동이 지닌 무한한 다양
성에 대해 몽테뉴가 보여준 호기심과 열린 태도에서 그 밑바탕
이 되는 다음과 같은 정신을 눈여겨보아야 한다. "소크라테스가
그렇게 말했기 때문이 아니다. 내 생각이 진심으로 그렇다. 조금

은 과장된 말일 수 있으나 나는 모든 인간을 동포로 생각한다. 폴란드인도 프랑스인과 마찬가지로 포용하며, 같은 국민으로서의 결속을 모든 인간에게 공통되는 보편적인 결속 다음에 둔다. 나는 내가 태어난 고장의 감미로운 공기에 연연하지 않는다. 나에게 새로 생긴 지인知人들은 이웃에 살아서 우연히 알게 된 지인들만큼이나 가치가 있다. 노력해서 얻은 친구들은 대개 지연이나 혈연으로 맺어진 친구들보다 더 우위에 있다. 자연은 우리를 자유로운 존재이자 얽매이지 않는 존재로 이 세상에 내놓았는데, 우리가 스스로를 좁은 곳에 가두어버리는 것이다."
(제3권 9장)

몽테뉴가 인생의 절반 이상을 종교전쟁 속에서 보냈고, 증오와 잔혹, 살육과 파괴가 최고조에 달했던 시대와 동정심이나 동포애가 비아냥거리인 세상을 살았다는 사실을 생각하면 이는 실로 놀라운 발언이라고 아니할 수 없다. 일생 동안 세계 곳곳에 깊은 관심을 두었던 여행의 대선배, '세계 시민' 몽테뉴가 우리에게 건네는 지극히 옳은 전언이다. 그리고 이 인용문 속에는 타자를 환대하고 배려하는 몽테뉴의 깊은 철학이 담겨 있고, "관용이란 자기 만족적인, 높은 곳에 서서 타자를 연민하는 태도가 아니라 생기발랄한 인간적 관심으로 다양성에 마음을 여는 것"[8]이라는 탁월한 통찰이 담겨 있다. 몽테뉴의 이야기는 곧 정신과 사고의 연속성 속에서 바라보아야 할, '타자'에 대한 초대이자 대화[9]라고 할 수 있을 것이다.

이 선집은 《수상록》 가운데 타인에 대한 몽테뉴의 관심과 통찰이 잘 드러난 6개 장을 선별해 엮은 것이다. 몽테뉴는 '식인종'과 '마차'를 다룬 장(제1권 30장, 제3권 6장)에서 식인종이라 불리는 타인에 대해 깊이 이해하면서 그들에 대한 존중을 강조한다. 비록 유럽인들이 그들을 잔인하게 정복했을지언정 인간이라면 누구나 갖고 있는 조건을 그들도 온전히 지니고 있다는 사실을 힘주어 말한다. '소카토', '데모크리토스와 헤라클레이토스'를 다룬 장(제1권 36장, 50장)에서는 인간 정신의 작용과 인간의 판단력 속에 들어 있는 전통이나 관습, 이성에 대한 과신을 경계하고, 회의주의를 바탕으로 한 건전한 비판이 필요하다는 점을 역설한다. '신앙의 자유'를 다룬 장(제2권 19장)에서는 각 당파나 파벌은 자기가 옳다고 믿는 것을 대의로 삼고, 신의 이름을 간판으로 내걸었을 뿐이라며, 다른 사람의 신앙을 배려하고 종교적 관용을 가져야 한다고 말한다. '마녀와 절름발이 여자'에 대한 장(제3권 11장)에서는 우리의 편견과 선입관에 일침을 가하면서, 인간의 이성을 과대평가하지 말 것을 당부한다. 아울러 직·간접적으로 보고 들은 판결의 사례를 들며 진실을 알기가 얼마나 어려운지, 법이 과연 진실을 판단할 권리와 능력이 있는지 묻는다.

노스트라 레스 아기투르nostra res agitur. "그것은 우리의 문제다"라는 의미의 라틴어 문장이다. 나는 몽테뉴를 읽을 때마다 우리 시대의 인물이 우리에 대해 말하는 것 같다는 느낌을 받는다. 전쟁의 광증에 사로잡힌 유럽 대륙을 떠나 1941년 남아메리카로 망명한 슈테판 츠바이크가 생애 마지막으로 남긴 미완성 원고에 토로한 말과 같다. "몽테뉴의 책을 열면 펼치는 곳마다 우리의 문제를 다루고 있다는 느낌을 받는다. 지금 이 시대에 내 마음을 그지없이 불안하게 만드는 일들에 대해 나보다 그가 더 탁월하게 생각한 것 같다. 그의 책에는 '내'가 투영된 '너'가 있다. 여기서 시대의 경계는 허물어진다. 문학이나 철학 책 한 권과 함께 있는 것이 아니라, 나와 형제인 한 인간, 나의 잘못을 진심으로 타이르고 나를 위로해주는 한 인간, 내가 그를 이해하고 그가 나를 이해하는 한 인간과 함께 있는 것 같다."[10] 나는 이제 우리가 몽테뉴의 책을 펼칠 차례라고 말하고 싶다.

옮긴이 고봉만

식인종에 대하여

피로스[11] 왕이 이탈리아로 쳐들어갔을 때, 그는 로마인들이 그와 맞서 싸우기 위해 파견한 군대의 대열이 질서 정연한 것을 보고 "이 무리가 어떤 종류의 야만인[12](그리스인은 모든 다른 외국인을 이렇게 불렀다)인지는 모르겠으나 내가 보는 이 군대의 배치는 결코 야만적이지 않다"라고 말했다. 그리스인들은 플라미니누스[13]가 자신들의 나라에 보낸 군대를 보고 같은 이야기를 했으며, 필리포스[14]도 자신의 왕국에 온 로마군이 갈바[15]의 지휘 아래 진영을 설치하고 군사를 배치하는 것을 언덕 위에서 바라보고 그렇게 말했다. 그런 점에서 우리는 세간에 전해 내려오는 설이나 견해에 얽매이는 일이 없어야 하며, 사회 통념이 아니라 이성의 관점에서 판단해야 한다.

　나는 우리 세기에 발견된 저 다른 세계에서, 즉 빌가뇽[16]이 상륙하여 '남극 프랑스령France Antarctique'이라고 이름 붙인 곳에서 10년인지 12년인지를 살았던 한 남자를 오랫동안 데리고 있었다. 이 거대한 지역의 발견은 중대한 일이라고 생각한다. 나는 미래에 이런 거대한 땅이 또 발견되지 않을 것이라고 단언할 수 있을지 모르겠다. 우리보다 훌륭한 수많은 사람들도 이 점에 대해서는 과오를 저질렀기 때문이다. 나는 우리가 배(腹)보다 큰 눈을 가지지나 않을까, 능력 이상의 호기심을 가지지나 않을까 염려된다. 우리는 무엇이든 손에 넣으려 하지만 잡히는 것은 바람뿐이다.

플라톤은 솔론[17]이 이집트의 도시 사이스[18]의 제관들에게서 들었다고 하는 다음과 같은 이야기를 소개한다.[19] 옛날 대홍수가 나기 전에 아틀란티스라는 큰 섬이 지브롤터해협 바로 앞에 있었는데, 넓이가 아프리카와 아시아를 합친 것보다 더 컸다고 한다. 그곳을 다스리던 왕들은 문제의 섬을 소유했을 뿐만 아니라 영토를 대륙까지 넓혀 아프리카에서는 이집트까지, 유럽에서는 토스카나까지를 차지했다. 그들은 좀 더 욕심을 내 아시아까지 건너가려고 했고, 또한 흑해까지를 포함하는 지중해 연안의 모든 나라를 정복하려고 했다. 그 결과 스페인의 여러 지방과 갈리아,[20] 이탈리아를 거쳐 그리스까지 쳐들어갔으나 아테네인들에게 저지당했다. 그러고 나서 얼마 뒤 대홍수가 나서 아테네인과 아틀란티스인, 그리고 그들의 섬이 모두 물속에 잠겨버렸다고 한다.

바다가 시칠리아를 이탈리아에서 떼어냈다는 말이 있듯, 물이 일으킨 엄청난 재해가 우리가 사는 땅에 이런 커다란 변화를 일으키는 것도 충분히 가능한 일이다.

오래전에 하나의 대륙이었던 이 두 지역은 어느 땐가 격심한 지진이 일어나 서로 분리되었다고 한다.[21]

마찬가지로 키프로스는 시리아에서, 에우보이아섬은 보이오티아[22]의 육지에서 떨어져 나왔다. 또 다른 곳에서는 떨어져 있던 땅들의 사이를 바다가 진흙과 모래로 메워 이어 붙였다.

오랫동안 노를 휘저어야 건널 수 있었던 불모의 늪지대가 지금은 무거운 쟁기로 경작되어 인근 도시를 먹여 살리는 땅이 되었다.[23]

그러나 우리가 최근에 발견한 신대륙이 아틀란티스섬이라는 근거는 희박하다. 왜냐하면 이 섬은 거의 스페인에 닿아 있었다고 하는데, 아무리 큰 홍수라도 이 섬을 약 4800킬로미터[24]나 떨어진 곳까지 밀어냈다고 생각하기는 어렵기 때문이다. 그뿐만 아니라 현대의 항해자들이 거의 밝혀낸 바에 따르면 신대륙은 섬이 아니고 육지이며, 한쪽은 동인도에, 다른 쪽은 남북 양극의 땅에 닿아 연결된 대륙이라는 것이다. 설령 그 땅이 육지와 떨어져 있다 하더라도 해협의 폭이 너무 좁기 때문에 섬이라고 부르기는 어렵다고 한다.

　이런 거대한 땅들도 우리 몸처럼 때로는 자연스럽고 때로는 급격한 변동을 겪는 것 같다. 현재 우리 고장의 도르도뉴 강[25]이 20년에 걸쳐 오른쪽 강변을 침식해 여러 건물의 지반을 파괴한 것을 보면, 이는 심상치 않은 변동이라는 것을 알 수 있다. 만일 이런 현상이 계속된다면 세상의 모습은 완전히 달라질 수 있기 때문이다. 강의 움직임 또한 변한다. 강은 어떤 때는 한쪽으로 흐르고, 때로는 반대편으로 흐르기도 하며, 조용히 물길을 따라 흐르기도 한다.

　내가 말하는 것은 우리가 원인을 확실히 아는, 간혹 발생하는 갑작스러운 범람이 아니다. 바다에 면한 메도크[26]에서 내 동생 아르사크 경[27]은 바다가 토해낸 모래에 자신의 영지가 순식간에 뒤덮이는 것을 보았다. 몇몇 건물은 아직도 꼭대기까지 모래에 묻혀 전혀 보이지 않는다. 그의 소작지와 경작지는 불모의 목초지가 되어버렸다. 주민들의 말로는 최근 몇 년간 바닷물이 세차게 밀려 들어와 약 16킬로미터의 땅을 잃었다고 한다. 이 모래들은 선발대다. 그리고 우리는 움직이는 커다란 모래언덕들이 바다보다 2킬로미터쯤 앞서 나와 육지를 갉아먹는 것을 보고 있다.

　사람들이 신대륙 발견과 결부시키려 하는 또 하나의 오래된 증언은 아리스토텔레스의 글이다.《전대미문의 불가사의들》이라는 소책자가 그의 작품이라면 말이다.[28] 이 책에 따르면 카르타고인 몇 명이 지브롤터해협 밖으로 나가 대서양을 횡단하기로 마음을 먹고, 오랫동안 항해한 끝에 크고 비옥한 섬 하나를 발견했다고 한다. 모든 대륙으로부터 매우 멀리 떨어진 이 섬은 울창한 숲으로 덮여 있었고, 넓고 깊은 강이 흘렀다. 이 풍요로운 땅에 이끌린 사람들이 아내와 자식들을 데려와 자리 잡고 살기 시작했다.

카르타고의 영주들은 영지의 주민이 점점 줄어들자 그곳에 가는 자는 모두 사형에 처한다고 엄포했다. 또한 그곳에 새롭게 이주한 주민을 모두 몰아냈다. 말하는 바로는 이주자들의 수가 크게 늘어나 자신들의 자리를 빼앗고 나라를 무너뜨릴 것을 두려워하여 그렇게 했다고 한다. 그런데 아리스토텔레스의 이 이야기도 새롭게 발견된 땅들과 맞아떨어지지는 않는다.

내가 하인으로 데리고 있던 남자는 단순하고 소박한 인간이었다. 이는 진실을 증언하기에 알맞은 조건이다. 왜냐하면 총명하고 민첩한 인간은 대개 호기심이 많고, 많은 것을 지적하며 주석을 단다. 이들은 자신의 해석을 그럴듯하게 보이게 하고 사람들을 설득하기 위해 조금씩 '이야기'를 왜곡하곤 한다. 결코 있는 그대로 말하지 않고 자신이 본 것을 토대로 조작하고 변형시켜 말한다. 그리고 자신의 판단을 신뢰하게 하여 사람들의 마음을 끌기 위해 재료에 멋대로 살을 붙여 이야기를 과장한다. 그러므로 진정 필요한 것은 기억력이 더없이 좋은 인간이거나, 너무나 단순하여 허위로 이야기를 만들거나 진실이 아닌 것을 진실인 것처럼 꾸미는 재능이 없고 자신이 본 것에 대해 어떠한 편견도 갖지 않는 인간이다. 내가 데리고 있던 남자가 그런 인간이었다. 그는 자신이 항해 중에 알게 된 몇몇 선원이나 상인들을 여러 차례 나와 만나게 해주었다. 따라서 나는 지구지誌 학자들[29]이 말하는 것을 듣지 않아도 내가 가진 정보로 만족할 정도였다.

우리에게 필요한 것은 어쩌면 각자 자기가 가본 지방에 대해 정확히 말해주는 지리학자일지 모른다. 하지만 지리학자는 우리는 보지 못한 팔레스타인 성지에 가보았다는 우월감 때문에 세계의 모든 곳을 아는 척하는 특권을 누리려고 한다. 나는 사람들이 자신이 잘 아는 주제에 대해서든 잘 모르는 주제에 대해서든 아는 만큼만 써주었으면 한다. 왜냐하면 지리학자는 강이나 샘에 관해서는 특별한 지식이나 경험이 있겠지만, 그 밖의 다른 문제에 관해서는 일반인들과 별반 다르지 않기 때문이다. 그러나 불행히도 지리학자는 자신의 작은 지식을 펼치기 위해 자연학Physique 전체를 다시 쓰려 한다. 바로 이런 못된 버릇 때문에 수많은 어려움이 생겨난다.

이제 본래의 주제로 돌아가보자. 사람들이 내게 전해준 바에 따르면, 그 나라에는 야만적barbares이고 미개한sauvages 것은 전혀 없는 듯하다. 사람은 누구나 자기 관습에 없는 것을 야만이라 단정하여 부를 뿐이다. 실제로 우리는 자신이 사는 고장의 사고방식이나 관습, 그리고 직접 관찰한 사례를 제외하면 진리나 이성의 척도를 갖고 있지 않다. 하지만 신대륙에도 완전한 종교와 완전한 정치가 있고, 모든 것에 대한 완벽하고 비할 바 없는 관습이 있다. 물론 그들은 '야생sauvages' 이다. 자연이 저절로 자연스레 발전하면서 이룩한 성과를 '야생'이라고 부르는 것과 같은 의미에서의 야생이다. 그러나 사실 우리가 야생이라고 불러야 할 대상은 오히려 우리가 우리의 기교로 사물의 보편적인 질서에서 멀어지게 한 것들이다. 전자에는 진실하고 유익하며 자연스러운 미덕과 특성이 생생하고 강력하게 살아 있다. 우리는 그런 것들을 후자 속에서 타락시켜 우리의 부패한 취향에 맞도록 순응시키고 있는 것이다.

그러나 저 문명화되지 못한 나라의 사람들이 이룬 여러 성과 중에는 우리 취향으로 보더라도 우리 것에 못지않게 탁월한 묘미와 고상함을 가진 것이 있다. 기술이 우리의 위대하고 강한 어머니 자연보다 더 큰 명예를 얻는 것은 당치도 않다. 우리는 자연의 산물이 지닌 아름다움과 풍요로움에 너무나 많은 작위를 가해, 그것을 완전히 질식시켜버렸다. 그러나 자연은 그 순수함이 빛나는 모든 곳에서 우리의 경박하고 헛된 기도들을 놀라우리만큼 수치스럽게 만들고 있다.

담쟁이덩굴은 누가 키우지 않아도 절로 무성하게 자라며, 소귀나무는 인적 없는 곳에 자라 더 아름답고, 새들의 노랫소리는 꾸밈이 없어 더욱 감미롭게 들린다.[30]

우리는 아무리 노력해도 가장 작은 새가 지은 둥지의 구조나 아름다움, 편리함을 흉내조차 낼 수 없다. 아니, 보잘것없는 거미가 만들어내는 거미줄조차도 흉내낼 수 없다. 플라톤은 이렇게 말했다. "세상 만물을 만드는 것은 자연, 우연, 기술 가운데 하나다. 가장 위대하고 아름다운 것은 자연이나 우연이 만들고, 가장 못나고 불완전한 것은 인간의 기술이 만든다."[31]

그러므로 신대륙 사람들은 내게 '야생'으로 보인다. 그들의 정신은 거의 가공되지 않았고, 본연의 순박한 상태에 아주 가깝기 때문이다. 그들을 지배하는 것은 여전히 자연의 법칙이며, 인간의 법률로 인해 아주 조금 타락되어 있을 뿐이다. 그런 순수함 앞에서, 나는 때로 우리보다 이를 더 잘 판단할 수 있는 사람들이 살던 시대에 이들의 존재가 알려지지 않은 것이 안타깝다. 리쿠르고스[32]나 플라톤이 이들을 몰랐던 것이 아쉽다. 왜냐하면 우리가 이들 민족에게서 관찰할 수 있었던 것이 우리 시詩가 황금시대를 아름답게 꾸미기 위해 동원했던 모든 표현과 인간의 행복한 상태를 상상하기 위해 사용했던 모든 재능을 뛰어넘을 뿐만 아니라, 철학이 생각해낸 모든 행복한 상태의 개념이나 욕망 자체보다도 더 뛰어난 것처럼 보이기 때문이다. 리쿠르고스나 플라톤은 우리가 신대륙에서의 경험을 통해 확인한 만큼의 순수하고 소박한 자연 상태état naturel를 상상할 수 없었을 뿐만 아니라, 인간 사회가 인공적인 요소나 인위적인 유대 없이 유지될 수 있으리라고는 생각조차 못했을 것이다.

나는 플라톤에게 이렇게 말해주고 싶다. 이 나라에는 어떤 종류의 상거래도 없다. 문자에 대한 이해도, 수의 개념도 전혀 없다. 관리라는 말도, 위계라는 말도 없다. 사람을 부리는 제도와 빈부를 가리는 제도도 없다. 계약, 상속, 분배도 없고, 재산도 없고 일터도 없다. 다들 한가로워 할 일이 없다. 직계를 제외하면 친족 관계에 대한 존중도 없다. 의복도, 농사도, 금속도, 포도주와 밀도 없다. 거짓말, 배신, 속임수, 탐욕, 시기, 비방, 용서 등을 의미하는 언어 자체도 없다.[33] 플라톤은 자신이 상상한 '공화국'이 그 완벽함에서 얼마나 이곳만 못한지 몰랐을 것이다!

이것이 바로 자연이 준 최초의 법칙들이다.”[34]

요컨대 그들은 매우 쾌적하고 온화한 나라에 살고 있다. 그래서 나의 증인들이 말해준 바에 따르면, 그곳에서는 아픈 사람을 보기 어렵다는 것이다. 나의 증인들은 몸을 떨거나 눈이 곪았거나 이가 빠졌거나 늙어서 허리가 굽은 사람을 본 적이 없다고 잘라 말했다. 그곳 주민들은 바닷가를 따라 자리 잡고 사는데 육지 쪽은 크고 높은 산들로 보호받고, 바닷가와 산들 사이의 거리는 400킬로미터가량 된다고 한다. 이곳에는 우리 고장에서 볼 수 없는 생선과 고기가 풍부한데, 굽는 것 외에 다른 인공 조리법을 전혀 가하지 않고 그것들을 먹는다.

처음 그곳에 말을 타고 간 사람은 이전에 신대륙의 다른 곳에서도 여러 번 말을 본 적이 있어서 안심하고 들어갔는데, 그곳 주민들은 말을 타고 있는 사람의 모습이 끔찍하다 생각하여 그가 누구인지 알아보지도 않고 활로 쏘아 죽여버리고 말았다.

이들의 전통 가옥은 매우 길어서 200~300명을 수용할 수 있다. 지붕은 큰 나무껍질로 덮여 있는데, 한쪽은 땅에 닿게 하고 다른 쪽은 꼭대기에서 서로 기대어 버티게 했다. 마치 우리의 곳간처럼 지붕이 아래로 드리워져 양쪽 벽면을 이룬다. 그곳에는 매우 단단한 나무가 있어서 그것으로 물건을 자르고 칼을 만들며 고기를 구울 때 쓰는 석쇠를 만들기도 한다. 침대는 무명을 엮어 만든 것인데, 마치 우리 배의 침대처럼 천장에 매달아 쓴다. 그들은 각자 침대를 갖고 있다. 왜냐하면 아내와 남편이 따로 떨어져서 자기 때문이다.

그들은 해가 뜨자마자 일어나며, 일어나자마자 하루 분량

의 식사를 한다. 그들은 아침 외에는 식사를 하지 않기 때문
이다. 수이다스[35]에서는 동양의 몇몇 민족은 식사를 마치고
난 다음에야 술을 마신다고 했는데, 그들도 식사를 하는 동
안에는 술을 마시지 않는다. 대신 하루에 몇 번씩 아주 많은
양의 술을 마신다. 그들의 술은 어떤 종류의 나무뿌리로 만
든 것인데, 빛깔이 우리의 연한 적포도주와 같다. 술을 마실
때는 꼭 미지근하게 데워서 마신다. 이 술은 이틀이나 사흘
이 지나면 맛이 변하는데, 약간 쏘는 맛이 있고, 결코 취기가
오르지 않으며, 위장에 좋다. 익숙하지 않은 사람에게는 설
사를 일으키기도 하지만 늘 마시는 사람에게는 무척 맛있는
술이다. 주식으로는 빵 대신 절인 고수[36]와 비슷한 모양의 흰
무언가를 먹는다. 나도 시험 삼아 먹어보았는데 단맛이 나긴
했지만 약간 싱거웠다.

　그들은 온종일 춤을 추면서 지낸다. 젊은 사람들은 활을
들고 사냥을 나간다. 그동안 여자들 일부는 술을 따뜻하게
데우는데, 그것이 그녀들의 주된 임무다. 노인들 중 한 사람
은 아침 식사 전 그 곳간 같은 집에 사는 모든 사람에게 설교
를 한다. 한쪽 끝에서 반대쪽 끝까지 걸으며 한 바퀴를 다 돌
때까지 같은 이야기를 여러 번 되풀이한다. 이 건물의 길이
가 족히 백 걸음은 되기 때문이다. 노인이 당부하는 것은 두
가지밖에 없다. 적과 맞설 때는 용감해야 하고, 아내에게는
다정하게 대해야 한다는 것이다. 그러면 설교를 들은 이들도

그들이 마실 술을 데우고 향미를 내주는 이는 아내들이라는 점을 후렴처럼 되뇌면서 그에 대한 감사를 표한다.

그들의 침대와 작은 끈, 칼과 전투할 때 손목을 보호하는 나무 팔찌, 한쪽 끝이 뚫려 있어 그쪽에서 나는 소리로 춤을 출 때 박자를 맞추는 커다란 관 모양의 기구 등을 요즘 곳곳에서 볼 수 있는데, 물론 우리 집에도 있다. 그들은 온몸의 털을 깎는다. 나무나 돌로 된 면도칼밖에 없는데도 우리보다 훨씬 말끔하게 깎는다. 그들은 영혼이 영생한다고 믿으며, 신의 은총을 받을 만한 영혼은 해 뜨는 동쪽 하늘에 머물고, 저주받은 영혼은 서방Occident에 있다고 믿는다.

그들에게는 일종의 성직자나 예언자들이 있는데, 산속에 살기 때문에 사람들 앞에 모습을 드러내는 일은 극히 드물다. 그들이 내려오면 성대한 축제와 더불어 여러 마을(앞서 말한 곳간 같은 건물들은 각각 하나의 마을을 이루고 있으며, 4킬로미터 정도의 간격을 두고 서로 떨어져 있다) 사람들이 모인 장엄한 집회가 열린다. 이 예언자는 마을 사람들에게 착한 일을 하고 의무를 지키라고 권한다. 그런데 그들의 윤리관에는 전쟁에서 용감하고 평소 아내를 사랑하라는 두 조목밖에 없다. 예언자는 그들에게 장차 무슨 일이 일어날지, 그들이 계획하는 일의 결과가 어떻게 될지를 예언하고, 전쟁을 할 것인지 말 것인지를 결정해준다. 그러나 예언이 맞지 않거나 예언한 것과 다른 방향으로 사태가 진행되면 거짓 예언자라

해서 온몸이 갈가리 찢기는 형벌에 처한다. 그래서 일단 실수한 예언자는 다시는 마을 사람 눈에 띄지 않는다.

예언은 신이 내려준 선물이므로 남용하는 것은 벌을 받아 마땅한 사기 행위다. 스키타이족은 점쟁이가 틀린 예언을 하면 손발을 사슬로 묶어 가시덤불을 가득 실은 수레에 누이고 그것을 황소가 끌게 한 다음 그대로 불태워 죽인다. 인간의 능력 범위 안의 일을 다루는 사람들은 자기가 할 수 있는 일만 하는 것이니 용서받을 수 있다. 그러나 우리가 알 수 없는 특별한 능력을 과시하면서 세상을 속이는 사람들은 약속한 바를 지키지 못했고 뻔뻔하게 사기를 친 것이니 이에 대한 처벌은 당연하지 않을까?

그들은 산 너머 내륙 깊숙한 곳에 사는 부족들과 전쟁을 한다. 모두 알몸으로 싸우러 나가는데, 무기라고는 활과 우리의 수렵용 창처럼 끝이 뾰족한 나무칼밖에 없다. 싸울 때 이들의 악착성은 놀랄 만하며, 전투가 시작되면 피를 보기 전에는 끝나지 않는다. 이들은 도망과 두려움을 모르기 때문이다. 싸움이 끝나면 각자 죽인 적의 머리를 전리품으로 가지고 돌아와 집 입구에 매달아놓는다. 포로를 잡으면 오랫동안 잘 대해주고 가능한 모든 편의를 제공한다. 그런 다음 포로의 주인은 자신이 평소 알고 지내는 모든 사람을 불러 모은다. 주인은 포로의 한쪽 팔을 밧줄로 동여매고 덤벼들지 못하도록 몇 발짝 떨어져서 밧줄의 끝을 잡고, 다른 팔 하나도 마찬가지로 동여매서 그의 가장 친한 친구에게 내주어 붙잡고 있게 한다. 그러고 나서 두 사람은 칼로 포로를 쳐서 죽인다. 이 일이 끝나면 그들은 포로를 구워서 모인 사람들과 함께 먹고, 함께하지 못한 친구들에게도 몇 덩이씩 보낸다. 이것은 사람들이 생각하듯 옛날 스키타이족이 하던 것처럼 영양을 취하기 위한 것이 아니라, 극단적인 복수를 보여주기 위함일 것이다.

이는 다음과 같은 사실을 보여준다. 그들의 적과 손을 잡은 포르투갈인들은 그들이 포로를 다루는 방식과는 다른 방식을 사용한다. 포르투갈인들은 포로를 잡으면 허리까지 땅속에 묻고, 바깥으로 나온 몸통에 많은 화살을 쏜 다음 목을 매달아 죽인다. 이를 본 원주민들은 다른 세상에서 온 이 사람들이(이들은 이미 주변에 많은 죄를 전파했고 사악한 짓을 하는 데는 자기들보다 훨씬 더 뛰어난 자들이다) 아무 이유 없이 이러한 복수 방법을 취하지 않았을 것이며, 이것이 자신들의 방식보다 훨씬 더 큰 고통을 줄 수 있을 것이라 생각했다. 그래서 그들은 옛날 방식을 조금씩 버리고 포르투갈인들이 사용한 방식을 좇기 시작했다. 나는 사람들이 이러한 행동이 흉측하고 야만적인 행위라고 비난하는 데 분개하는 것이 아니다. 오히려 우리가 그들의 잘못은 곧잘 비판하면서도 우리 자신의 야만 행위는 똑바로 보지 못하는 것이 서글플 뿐이다.

나는 죽은 인간을 먹는 것보다 살아 있는 인간을 먹는 것이 훨씬 더 야만적이라고 본다. 감각이 아직 충분히 남아 있는 몸을 찢어내고 조금씩 불에 태우고 개나 돼지에게 물어뜯기게 해 고통스럽게 죽이는 일이야말로(우리는 이런 일을 책에서 읽었을 뿐만 아니라 최근에 두 눈으로 보아 생생하게 기억하고 있다. 그것도 적과 벌인 일이 아니라 이웃과 동포 사이에 일어난 일이다. 더 나쁜 것은 이런 일이 신앙이나 종교를 구실로 일어난다는 점이다)[37] 죽은 사람을 구워 먹는 것보다 훨씬 더 야만적이라고 생각한다.

　스토아학파의 우두머리인 크리시포스[38]와 제논[39]은 우리의 필요 때문이라면 인간의 시신을 어떤 일에 사용하더라도 조금도 나쁠 것이 없으며 식량으로 삼아도 상관없다고 생각했다. 우리 조상들도 알레시아[40]에서 카이사르에게 포위당했을 때 노인들과 여자들, 전투에 쓸모없는 사람들의 시신을 이용해 공방전 동안의 굶주림을 견디기로 결심했다.

　가스코뉴 사람들은 그 식량으로 목숨을 이어갔다고 한다.[41]

　의사들도 우리의 건강을 위해 내용內用이든 외용外用이든 인육을 사용하는 것을 꺼리지 않는다. 그러나 우리가 예사롭게 저지르는 배신, 비열, 폭정, 잔혹 등의 행위는 어떤 이유로도 변명할 수 없다.

그러므로 우리는 이성의 법칙에 비추어서 그들을 야만인이라고 부를 수는 있지만, 우리와 비교해서 그렇게 부를 수는 없다. 우리야말로 모든 야만스러움에서 그들을 능가한다. 그들의 전쟁은 지극히 고귀하고 고상하며, 전쟁이라는 인간의 질병이 가질 수 있는 만큼의 구실과 매력을 가지고 있다. 그들 사이에서 전쟁은 미덕의 추구 외에 다른 이유가 없다. 그들은 새로운 땅을 정복하기 위해 싸우는 것이 아니다. 왜냐하면 노동이나 수고를 하지 않더라도 그들에게 필요한 모든 것을 제공하는 저 자연의 풍요를 누리기 때문에 굳이 영토를 넓힐 필요가 없는 것이다. 그들은 아직도 본디부터 필요한 것 이상을 욕심내지 않는, 행복한 상태에 있다. 그 이상의 것은 그들에게는 모두 쓸데없다.

그들은 보통 나이가 같은 사람은 형제라 부르고 나이가 적은 사람은 아이라고 부른다. 노인들은 모든 사람의 아버지다. 이 아버지들은 공동상속인들에게 공유재산의 소유권을 온전히 넘겨준다. 자연이 애초에 자신의 창조물을 세상에 내놓을 때 그러했듯 어떤 조건이나 예외 없이 순수하게 넘겨준다.

그들의 이웃이 산을 넘어 공격해 와서 승리한다 하더라도 승리자가 얻는 것은 명예뿐이고, 용기와 용맹에서 앞선다는 우월감뿐이다. 승리자는 그 외에 패자의 재산 등은 필요하지 않기 때문이다. 그리하여 그들은 자기 나라로 돌아간다. 그곳은 그들에게 필요한 것에 부족함이 없고, 또한 자신들의 행복한 조건을 누리고 그것으로 만족하는 저 위대한 자질에도 부족함이 없다. 공격당한 쪽이 승리해도 똑같이 행동한다. 그들은 포로에게 패배를 고백하고 인정하는 것 외에는 아무런 몸값도 요구하지 않는다.

그러나 포로 중에 태도나 말로 불굴의 위대한 용기를 포기하기보다는 죽음을 택하는 편이 낫다고 생각하지 않는 자는 백 년에 한 명도 나오지 않을 것이다. 목숨을 구걸하기보다는 차라리 죽임을 당해 먹히는 편이 낫다고 생각하지 않는 자는 한 명도 없다. 그들은 포로를 너그럽게 대하는데, 이것은 그만큼 목숨이 귀중하다는 것을 깨닫게 하기 위함이다. 그리고 앞으로 다가올 죽음, 이제부터 겪어야 할 고초와 그 목적을 위해 마련된 도구, 팔다리를 절단하는 방법, 그것을 제물로 벌어질 잔치 등에 관해 매우 자주 이야기해 준다. 이런 모든 행동은 오로지 포로들의 입에서 비겁하거나 비굴한 말을 끌어내거나 그들에게 도망갈 생각을 불러일으켜, 그들을 겁에 질리게 하고, 그들의 의연함을 꺾었다는 만족감을 얻기 위한 것이다. 사실 잘 생각해보면 참된 승리란 다만 그점에 있는 게 아닌가 싶다.

영혼을 굴복시켜 적으로 하여금 스스로 패배를 인정하게 하는 것만이 참된 승리다.[42]

헝가리인은 매우 호전적인 전사였지만 적을 완전히 항복시키고 나면 더 밀어붙이지 않았다. 그들은 적으로부터 항복한다는 자백을 얻어내기만 하면 적을 학대하거나 과도한 몸값을 요구하는 일 없이 그대로 놓아주었다. 앞으로는 자기들에게 대항해서 무기를 들지 않겠다는 서약을 시키는 것이 고작이었다.

우리는 우리의 적보다 유리한 조건을 많이 갖고 있지만, 그것은 빌린 것이지 우리 자신의 것은 아니다. 팔다리가 더 튼튼한 것은 짐꾼의 자질이지 용맹의 자질은 아니다. 날쌤은 대수로울 것 없는 육체의 특징일 뿐이다. 햇빛을 이용해 적의 눈을 부시게 해서 쓰러뜨린 것은 우연에 불과하다. 검술에 능숙한 것은 재간과 기술이 좋다는 뜻이므로 비겁하고 못난 인간도 할 수 있는 일이다.

한 인간의 품위와 가치는 마음과 의지 속에 존재한다. 바로 거기에 인간의 참된 명예가 깃드는 것이다. 용기란 팔과 다리의 굳셈이 아니라 마음과 정신의 굳셈이다. 용기는 훌륭한 말과 무기가 아니라 우리 자신에게서 나온다. 쓰러져도 용기를 잃지 않는 자, '쓰러져도 무릎으로 서서 싸우는 자',[43] 죽음의 위험이 임박해도 자신에 대한 확신을 늦추지 않는 자, 죽어가면서도 경멸의 눈초리로 단호하게 적을 노려보는 자는 우리가 아니라 운명에 쓰러진 것이다. 그는 죽임을 당했지만 패배한 것이 아니다. 가장 용감한 자는 때로는 가장 불운한 자다.

그러므로 승리에 못지않은 당당한 패배가 있을 수 있다. 태양이 목격한 가장 빛나는 네 개의 승리, 즉 살라미스·플라타이아이·미칼레·시칠리아 전투44의 영광을 다 합쳐도 테르모필라이의 협로에서 레오니다스 왕과 그의 부하들이 전멸한 영광45에는 감히 비교조차 할 수 없다.

이스콜라오스46 장군은 비록 패배했지만 어느 누가 그보다 더 영광스럽고 야심차게 승리를 향해 돌진했던가? 어느 누가 자신의 죽음으로 얻은 것보다 더 세심하고 명민하게 자신의 안녕을 확보할 수 있었던가? 그는 아르카디아47군에 대항해서 펠로폰네소스의 한 길목을 방위하는 임무를 맡고 있었다. 그렇지만 그 일을 완수하기란 지형으로 보나 전력의 불균형으로 보나 절대 불가능하다고 판단한 그는 적에게 목숨을 내놓을 각오가 되어 있는 자들만 그 자리에 남아야 한다는 결론을 내렸다. 한편 그는 자신에게 부여된 임무를 완수하지 못하는 것은 자신의 용기와 기개뿐 아니라 라케다이몬48의 이름에도 어울리지 않는다고 생각하여 이 두 극단의 중간이라 할 만한 길을 선택했다. 즉 자기 부대에서 가장 젊고 건장한 자들은 조국 방어에 복무하라고 되돌려 보냈다. 그리고 죽어도 손실이 적은 자들과 함께 목숨을 걸고 이 길목을 지킴으로써 쳐들어오는 적군에게 가장 값비싼 대가를 치르게 하려고 결심했다. 결국 그 뒤의 일은 그의 뜻대로 되었다.

그와 그의 부하들은 아르카디아인들에게 사방으로 포위를 당하면서도 수많은 적을 살육했고, 마침내 모두가 적의 칼날에 쓰러지고 말았다. 이 세상의 승리자들이 받은 온갖 트로피 가운데 이 패배자들이 받아야 할 트로피보다 더 값진 것이 있을까? 참된 승리는 전투 그 자체에 있지 전투의 결과에 있는 것이 아니다. 군인으로서 명예롭고 가치 있는 일을 했느냐 아니냐는 승리가 아니라 전투에 달려 있다.

다시 원래 이야기로 돌아오면, 신대륙에서 포로들은 어떤 일을 당해도 항복하지 않는다. 어림도 없는 일이다. 오히려 그들은 붙잡혀 있는 그 두서너 달 동안 사뭇 유쾌한 모습으로 지낸다. 포로들은 자신을 붙잡은 자들에게 어서 최후의 시련을 가해보라고 불을 당긴다. 그들에게 대들고 욕설을 퍼붓고 과거에 자기네 부족과 싸워서 진 사례들을 열거하면서 그 비겁함을 비난한다. 나는 어느 포로가 지은 노래를 하나 알고 있는데 거기에는 이런 빈정거림이 있다. 말인즉 모두 용감하게 달려와서 자기 살로 저녁식사를 하라는 것이다. 예전에 우리가 너희의 아버지와 조상들을 잡아먹었으니 용기를 한번 내보라는 이야기다. 그는 이렇게 말한다. "이 근육, 이 살점, 이 혈관은 너희의 것이다. 이 불쌍한 바보들아. 너희 조상들의 팔다리의 요체가 아직도 내 살 속에 있다는 것을 알지 못하는가. 맛을 잘 봐라. 그러면 너희는 너희 자신의 살의 맛을 느낄 수 있으리라." 도저히 '야만'이 느껴지지 않는

노랫말이다.

　포로가 처형당하거나 맞아 죽는 광경을 목격한 사람들은 그들이 자신을 죽이는 자들에게 침을 뱉고 빈정댔다고 묘사한다. 실제로 그들은 마지막 숨이 넘어갈 때까지 말이나 태도로 상대에게 맞서 싸우기를 멈추지 않는다. 거짓말이 아니다. 이것이 우리와 비교하여 정말 야만적이라고들 하는 인간들이다. 사실 여기서 우리는 택일해야 한다. 그들이 진짜 야만인이 아니라면 우리가 야만인인 것이기 때문이다. 그들의 삶의 방식과 우리의 삶의 방식에는 정말 놀라울 정도의 거리가 있다.

　그곳 남자들은 아내를 여럿 두는데, 용맹하다는 평판이 높을수록 아내가 더 많다. 이들의 결혼 생활에서 주목할 만한 한 가지 아름다운 점이 있다. 우리의 아내들은 다른 여자들의 사랑과 호의로부터 우리를 어떻게든 떼어놓으려고 애쓰지만, 그들의 아내들은 남편이 그러한 사랑과 호의를 받을 수 있도록 경쟁적으로 열을 올린다. 다른 무엇보다도 남편의 명성에 관심이 많기 때문에 아내들은 가능한 한 많은 동료 아내를 확보하려고 노력한다. 그것이 곧 남편의 용맹에 대한 증거이기 때문이다.

　우리의 아내들은 말도 안 되는 일이라고 소리칠 것이다. 그러나 그렇지 않다. 이것이야말로 부부간의 본래의 미덕이며, 그것도 가장 높은 단계의 미덕이다. 성서에서도 레아, 라헬, 사라,[49] 그리고 야곱의 아내들[50]은 남편에게 그들의 가장 아름다운 몸종들을 내주었다. 리비아[51]는 손해를 보면서까지 아우구스투스[52]의 욕정을 달래주었다. 또한 데이오타루스[53] 왕의 아내 스트라토니케Stratonice는 자신의 시중을 들던 매우 젊고 아름다운 침실 하녀를 남편 곁에 보냈을 뿐 아니라 그들 사이에서 태어난 아이들을 정성껏 길러 훗날 그들이 아버지의 나라를 이어받을 수 있도록 했다.

이 모든 예가 고지식하게 관습을 따를 만큼 그들이 단순하거나, 예부터 내려오는 풍습의 권위에 눌려 행동할 만큼 분별력이 없거나, 다른 방도를 취할 능력이 없을 만큼 우둔한 것이 아님을 알 수 있도록 그들이 지혜롭다는 증거를 몇 가지 들겠다. 앞서 나는 그들의 전쟁 노래 가운데 하나를 소개했는데, 이번에는 그들의 사랑 노래를 들려주고자 한다. 이 노래는 이렇게 시작한다. "뱀아, 거기 멈춰라, 거기 멈춰라, 뱀아. 내 누이가 네 모양을 본떠 멋진 허리띠를 만들면 내 임에게 그 허리띠를 선물하겠다. 그녀는 다른 뱀보다 언제나 아름답고 기품 있는 너의 모습을 좋아하니까."

첫 구절이 이 노래의 후렴이다. 시라면 나도 제법 알고 있으니까 이 정도는 판단할 수 있다. 시상詩想에 야만스러운 구석이 조금도 없을뿐더러, 그야말로 아나크레온[54]풍으로 되어 있다. 또 그들의 언어는 우아하고, 귀에 감기는 느낌도 좋고, 그리스어의 어미와 닮은 데가 있다.

그들 중 세 명이 지금은 고인이 된 샤를 9세[55]가 루앙[56]에 머무실 때 그곳에 와 있었다. 그들은 이쪽 세계의 부패를 아는 것이 언젠가 자신들의 안녕과 행복에 값비싼 대가를 치르게 할지도 모르고, 이쪽 사람들과의 교류로 자신들이 멸망[57]하게 될지도 모른 채(나는 이 멸망이 이미 상당히 진척되었다고 생각하지만) 딱하게도 새로운 것을 보고 싶은 욕망에 사로잡혀 그들의 평화로운 세계를 떠나 우리의 것을 보러 왔던 것이다. 왕은 오랫동안 그들과 이야기를 나누었다. 사람들은 그들에게 우리의 생활 방식과 화려한 의식, 아름다운 도시의 모습을 보여주었다. 그런 다음 누군가가 그들에게 무엇을 보고 가장 놀랐느냐고 물어보았다. 그들은 세 가지를 들어 대답했는데 매우 유감스럽게도 나는 세 번째 대답을 잊어버렸다. 하지만 나머지 두 가지는 기억하고 있으므로 여기 소개한다.[58]

첫 번째로 그들이 놀란 것은 왕 주위에 있는 수염을 기르고 건장하며 무장을 한 수많은 사나이들(아마도 왕을 호위하는 스위스 병사들을 두고 말한 것 같다)이 자기들 중에 누군가 한 사람을 지도자로 뽑으면 될 텐데 그렇게 하지 않고 한낱 어린아이 같은 왕에게 복종한다는 것이었다.

두 번째로 놀란 것은 우리 가운데 어떤 사람들은 온갖 종류의 좋은 물건들을 넘칠 정도로 갖고 있는데 어째서 나머지 반쪽(원주민들은 '반쪽'이라는 표현으로 상대방을 불렀다)은 배

고픔과 가난으로 피골이 상접해 문 앞에서 구걸하는가 하는 것이었다. 그들에게는 생활이 곤궁한 이 반쪽들이 다른 반쪽의 멱살을 잡거나 집에 불을 지르지 않고, 어떻게 이런 불의를 참는지 이상하다는 것이었다.

나는 그들 가운데 한 사람과 매우 오랫동안 이야기를 해보았다. 그러나 내 통역사가 어눌해서 내가 말하는 것을 잘 설명하지 못했고, 그가 내 생각을 잘 알아듣지 못해서 나는 그들에게서 특별히 흥미로운 이야기는 들을 수 없었다. 내가 그 사람에게, 당신은 당신의 동포들 중에서 우월한 자리를 차지하고 있는데(실제로 그는 대장이었고 우리 선원들은 그를 '왕'이라고 불렀다) 그 자리가 주는 이득이 무엇이냐고 묻자, 그는 전쟁이 벌어질 때 앞장서서 나아가는 것이라고 대답했다. 그리고 부하가 몇이냐고 묻자 그는 한 장소를 가리켰는데, 그 정도의 장소에 들어갈 만한 사람들을 거느리고 있다는 의미인 듯했다. 대략 4000~5000명은 될 듯싶었다. 그럼 전쟁이 끝나면 당신의 권위는 없어지는 것이냐고 물었더니, 그는 자신이 다스리는 마을들을 방문할 때 사람들이 숲속의 덤불 사이로 오솔길을 만들어서 그가 편하게 지나갈 수 있도록 하는 권위가 남아 있다고 말했다.

이 얼마나 그럴듯한 대답인가! 그런데 이게 웬 말인가, 그들이 바지도 입지 않고 사는 사람들이라니![59]

제3권―6장

마차들에 대하여[60]

우리는 위대한 작가들이 사물의 근본이나 원인에 대해 설명할 때, 진실이라 믿는 것뿐만 아니라 정확히 알 수 없어 확신하지 못하더라도 일견 참신하고 멋진 면이 있으면 기꺼이 쓰려고 한다는 것을 이미 잘 알고 있다. 그들의 말이 단지 그럴듯하게 꾸며냈을 뿐인 것처럼 보여도 진실되고 유익한 내용을 담고 있는 것만은 분명한 사실이다. 우리가 사물의 근본에 대해 확신하기 어려운 만큼, 이런저런 시도를 하다 보면 우연히 답을 찾아낼 수도 있을 것이다.

단 하나의 근거를 들어서는 충분하지 않다. 여러 근거를 대지 않으면 안 된다. 그것들 중 하나가 옳은 것이리라.[61]

재채기하는 사람에게 "신의 축복이 있기를"이라고 말하는 관습이 어디에서 온 것이냐고 내게 묻는다면, 나는 이렇게 답하겠다. 나는 우리 인간이 세 가지의 바람을 만들어낸다고 생각한다. 밑에서 나오는 바람은 무척 더럽다. 입에서 나오는 바람은 식탐을 질책하는 것이다. 세 번째 바람이 재채기다. 재채기는 머리에서 나오므로 우리는 그것을 비난하지 않고 예우를 갖춰 대하는 것이다. 말도 안 되는 이야기라고 비웃지 마라. 이것은 아리스토텔레스가 말한 것이다.[62]

플루타르코스(내가 아는 작가 가운데 가장 훌륭하게 예술과 자연, 판단력과 학문을 아우른 작가다)의 저술에서 본 것 같은데, 그는 배를 타고 바다를 건너는 사람들이 뱃멀미를 하는 원인이 두려움 때문이라고 보았다. 그는 두려움이 이런 결과를 초래했을 것이라는 몇 가지 근거를 찾아냈기 때문에 이런 주장을 했을 것이다. 하지만 나는 멀미를 자주 하는 체질인데, 플루타르코스가 제시한 이유는 내게 맞지 않는다. 나는 추론에 의해서가 아니라, 의심할 여지가 없는 내 경험으로 그것을 안다.

나는 동물들, 특히 위험에 대한 개념이 전혀 없는 돼지도 멀미를 한다는 사람들의 말을 믿지 않는다. 내가 잘 아는 한 사람이 자신의 경험담을 나에게 들려준 적이 있다. 그 또한 멀미를 자주 하는 체질인데, 격심한 풍랑으로 엄청난 공포에 사로잡혔을 때 두세 번 구역질한 적이 있다고 말했다. 하지만 나는 그 말도 믿지 않는다. "속이 너무 거북해서 위험 같은 건 생각도 할 수 없었다"[63]라고 한 옛날 사람의 말도 마찬가지다.

나는 바다 위에서든 어디에서든 두려움을 느껴본 적이 없다. 두려워하는 것이 당연한(만약 죽음이 여기에 해당된다면 말이다) 상황은 여러 번 겪었지만, 결코 그 때문에 동요하거나 당황한 적은 없다. 공포는 판단력이나 용기가 부족할 때 종종 생긴다. 나는 내가 부딪힌 모든 위험 앞에서 눈을 크게 뜨고, 뚜렷하고 분명하고 온전한 안목으로 그것들에 과감히 맞섰다. 두려워하는 데도 역시 용기가 필요하다. 나의 용기는 예전에 나에게 많은 도움을 주었다. 피난을 가야 하는 상황에서 두려움이나 공포, 정신적 동요 없이 어떻게 행동해야 할지 알았다. 마음을 졸이기는 했지만 망연자실하거나 혼란스러워하지는 않았다.

위대한 영혼의 소유자들은 훨씬 더 훌륭하게 처신한다. 싸움에 져서 후퇴하면서도 침착하고 질서정연하게 행동할 뿐만 아니라 당당한 모습마저 보인다. 플라톤의 〈향연〉에서 알키비아데스가 자신의 전우인 소크라테스에 대해 이야기하는 것을 들어보자. "나는 우리 군대가 패해서 델리온으로부터 퇴각할 당시의 소크라테스를 살펴볼 기회가 있었네. 그때 이분은 라케스와 함께 마지막으로 흩어져 도망치는 무리들 중에 있었지. 그리하여 이분과 라케스 둘 다 안전하게 후퇴할 수 있었네. 사실 그 어떠한 적도 이런 전투태세를 갖춘 사람은 맞닥뜨리려 하지 않고, 두려워하는 자들을 추격하는 법이지 않나." 저 위대한 지휘관이 우리에게 들려주는 것은 우리가 매일 경험을 통해 배우는 것, 즉 위험을 모면하려는 무분별한 행동보다 우리를 더 위험에 빠뜨리는 것은 없다는 것이다. 티투스 리비우스가 말했듯, "대개 두려움이 적을수록 위험에 덜 처한다."[64] 우리나라 사람들은 누군가가 죽음을 생각하거나 죽음을 예견하는 말을 하면 대부분 그 사람이 죽음을 겁낸다고 생각한다. 하지만 그것은 잘못된 생각이다. 예견이란 좋은 일이건 나쁜 일이건 앞으로 우리에게 일어날 일을 짐작한다는 것이다. 위험을 검토하고 판단하는 것은 위험을 두려워하는 것과는 다르다.

나는 내가 공포의 감정이 초래하는 충격이나 난폭함을 견딜 수 있을 만큼 충분히 강하다고 생각하지 않는다. 그 외의 다른 격렬한 감정에 대해서도 마찬가지다. 만약 한 번이라도 타격을 받아 쓰러진다면, 나는 결코 다시 일어서지 못할 것이다. 누가 내 마음의 줏대를 잃게 한다면 나는 다시 나를 제자리에 바로 세우지 못할 것이다. 내 영혼은 시련을 겪으면 스스로를 통절하게 살펴보기 때문에, 한번 후벼 파여 상처가 나면 쉽게 회복되지 않는다. 다행히 나는 아직 어떤 병에도 걸린 적이 없다. 시련이 닥치면 나는 자세를 가다듬고 정신을 무장한 채 그에 대항하지만, 단번에 나를 쓰러뜨리는 병이 찾아들면 나로서는 속수무책이다. 나는 거기에 아무것도 아닌 듯 대처할 위인은 못 된다. 만약 사나운 파도가 내 둑의 어느 부위든 구멍을 낸다면, 나는 거기에 휩쓸려 속절없이 무너질 수밖에 없을 것이다. 에피쿠로스는 "현명한 자는 결코 반대의 상태로 넘어가지 않는다"라고 했다. 나는 오히려 반대로, '한번 완전히 미친 자는 다시는 완전히 현명해지지 못한다'라고 생각한다.

신은 우리가 입고 있는 옷에 맞게 추위를 주시고, 우리가 감당할 수 있는 능력에 따라 고통을 주신다. 자연은 한편으로 나를 헐벗게 하였고, 한편으로 나를 감싸주었다. 힘으로 나를 무장 해제시키면서, 동시에 무감각과 통제되고 무딘 두려움으로 나를 무장시켰다.

그런데 나는 마차도, 가마도, 배도 오래 타는 것을 견디지 못한다. 젊었을 때는 지금보다 더했다. 사실 나는 도시에서나 시골에서나 말 이외의 다른 어떤 것도 타기 싫어한다. 마차보다는 가마가 더 질색이다. 같은 이유로, 물결이 심하게 출렁여 공포스러운 배 위보다 날씨가 좋아 평온한 배 위에서 이따금씩 흔들리는 것을 더 못 견딘다. 나는 사람들이 우리 발 아래로 노를 저어 배를 움직일 때 일으키는 가벼운 흔들림이 왠지 내 머리와 위장을 뒤죽박죽으로 만들어놓는 것 같다. 마찬가지로 나는 가볍게 흔들리는 좌석에 앉아 있는 것을 견디지 못한다. 돛이나 물의 흐름에 의해 배가 밀려가거나 예인선에 배가 끌려갈 때 일어나는 일정한 흔들림은 전혀 괴롭지 않다. 나를 고통스럽게 하는 것은 끊어졌다 이어졌다 하는 움직임이다. 움직임이 약한 경우엔 더 지독하다. 이를 어떻게 묘사해야 할지 모르겠다. 의사들은 나에게 이 병을 고치려면 아랫배를 수건으로 세게 묶으라고 했다. 하지만 나는 그 방법을 시도해보지 않았다. 나는 내 안의 결함을 내 힘으로 싸워서 이겨왔기 때문이다.

만약 내 기억력이 좋다면, 나는 나라와 시대별로 마차를 전쟁에 어떻게 사용했는지, 역사책에 기술된 수많은 사례를 들어 무한정 이야기했을 것이다. 마차는 꼭 필요하고 매우 쓸모 있는 물건이었다. 오늘날 우리가 마차에 대한 지식을 다 잃어버린 것은 이상한 일이 아닐 수 없다. 나는 그중에서 몇 가지만 언급하고자 한다. 그리 오래되지 않은 우리 부친의 시대에 헝가리인은 터키인과 싸울 때 대단히 효과적으로 마차를 사용했다. 마차마다 방패로 무장한 병사 한 명과 소총수 한 명을 태우고, 아울러 여러 개의 장전한 소총을 세워놓고, 그 전체를 소형 갤리선처럼 주변에 보호용 방패를 설치하고 싸웠다. 그들은 이런 마차 3000대를 최전방에 세우고 적을 향해 포를 쏜 다음, 적의 본대를 공격하기 전에 적의 선두를 향해 일제 사격을 가하며 돌진하게 했다. 이 방식은 효과가 매우 컸다. 때로는 마차를 적의 기병 중대 속으로 밀어넣어 적진을 와해하거나 돌파구를 만들기도 했다. 또한 이 마차들은 진격하는 아군의 취약한 부분을 보호하거나 부대가 야영할 때 신속히 주위 방어를 강화하는 데도 도움이 되었다. 우리 시대의 인물 중에 국경에 사는 한 귀족이 있었다. 그는 몸을 자유롭게 움직일 수 없을 정도로 뚱뚱했고, 그 체중을 감당할 말도 없었기 때문에 분쟁을 해결해야 할 때면 방금 말한 그 마차로 지역을 돌아다녔는데 매우 편리했다고 한다. 여하튼 전쟁에 사용된 마차에 대한 이야기는 이쯤에서 끝내는 게 좋겠다. 우리나라 최초 왕조[65]의 마지막 왕들은 왕국을 시찰할 때 소 네 마리가 끄는 수레를 타고 다녔다. 느리고 게을러터진 그들의 행동에 대해서는 차라리 일반에 알려지지 않는 편이 낫다.

마르쿠스 안토니우스[66]는 최초로 사자에게 전차를 끌게 하고 소녀 악사와 함께 로마 시내를 돌아다닌 자다. 엘라가발루스[67]도 똑같은 짓을 했는데, 그는 자신을 신들의 어머니 키벨레[68]라 자칭하고 바쿠스 신을 흉내 내며 호랑이에게 전차를 끌게 했다. 때때로 그는 자신의 전차를 두 마리의 사슴에게, 혹은 네 마리의 개에게, 혹은 네 명의 벌거벗은 여자에게(그리고 자신도 벌거벗은 채) 끌게 했다. 로마 제국의 황제를 참칭한 피르무스[69]는 엄청나게 큰 타조에게 전차를 끌게 해서, 전차가 땅 위를 구른다기보다 하늘을 나는 것 같았다.

이런 기묘한 발상들을 보면 나는 이런 생각이 떠오른다. 이것은 있는 그대로의 모습이 아니라 엄청난 비용을 들여 자신의 가치를 돋보이게 하고 뽐내려는 군주의 유치한 마음이 드러난 것이다. 물론 이런 것들을 다른 나라의 사례라고 생각해서 관대하게 볼 수도 있다. 하지만 절대 권력을 휘두를 수 있는 자리에서 신하들을 거느리는 이라면, 이미 자신의 권위로 극한의 영광을 누리는 것이므로 그럴 필요가 없다. 마찬가지로 귀족이 자기 저택에 있으면서 복장에 신경을 쓰는 일은 쓸데없는 짓이라고 생각한다. 자신의 저택, 하인들 그리고 요리 등으로 그의 신분은 충분히 드러나기 때문이다.

그런 점에서 이소크라테스[70]가 자신의 왕에게 한 충고는 온당하다고 할 수 있다. "가구나 그릇은 호화로운 것이라도 괜찮습니다. 후대에 물려줄 수 있기 때문입니다. 그러나 풍속이나 기억에 남지 않고 사라져버릴 웅장하고 화려한 모든 것은 멀리하십시오."

나는 젊었을 때 아름다운 옷을 좋아했다. 그 밖에는 달리 나를 치장할 만한 것이 없었기 때문이다. 나에게는 그런 옷이 잘 맞았지만, 세상에는 아름다운 옷이 어울리지 않는 사람들이 있다. 검소한 생활로 유명한 왕들의 경탄할 만한 이야기는 수없이 많다. 그들은 스스로에게뿐 아니라 선물을 하는 데서도 검소했다. 이들은 신망 있고 용맹하였으며, 부강한 국가를 다스리는 왕들이었다. 데모스테네스[71]는 경기나 축제 등의 행사에 공금을 사용하기로 한 자기 도시의 법률에 한사코 반대했다. 그는 아테네의 위대함이 장비를 잘 갖춘 함대와 잘 무장된 군대로 드러나기를 바랐다.

어떤 이들은 테오프라스토스[72]가 자신의 책《부에 대하여》에서 경기나 축제에 쓰는 돈은 진정한 호사를 보여주는 것이라고 주장한 데 대해 비난을 퍼부었다. 맞는 말이다. 아리스 토텔레스는 이런 종류의 쾌락은 천한 대중만을 만족시키는 것이며, 이는 한 번 만족하면 바로 잊어버리는 것으로, 분별 있고 사려 깊은 사람이라면 좋게 받아들여서는 안 되는 것이라고 했다. 나는 같은 돈이라면 다리를 보수하거나, 항구·성채·성벽을 건설하거나, 장엄한 건물·교회·병원·학교를 세우거나 도로를 정비하는 데 쓰는 것이 훨씬 더 위엄 있고 유익하고 영구적인 것이라 생각한다. 이 점에서 교황 그레고리우스 13세[73]는 우리 시대에 뛰어난 업적을 남겼다. 우리의 여왕 카트린[74]도 만약 자신의 취향을 충분히 만족시킬 만한 재화를 지녔더라면 타고난 선량함과 관대함을 보여줄 수 있는 것들을 후대에 물려주었을 것이다. 나는 우리의 위대한 도시 파리의 아름다운 다리 '퐁네프'[75]의 건설이 중단되어, 내 생전에 그 다리의 개통을 볼 희망이 사라졌다는 것이 무척 아쉽다.

더군다나 이런 승리의 축제를 구경하러 온 사람들은 눈앞에 펼쳐진 이 모든 것이 자기들이 낸 세금 덕분이며, 비용을 지불하여 즐기고 있다고 생각한다. 왜냐하면 백성들은 마치 우리가 하인을 대하는 것처럼, 군주도 우리에게 필요한 모든 것을 풍부하게 공급하도록 신경 써야 하지만 거기서 조금이라도 자신들의 몫을 챙겨서는 안 된다고 생각하기 때문이다. 그런 이유로 로마 황제 갈바[76]는 식사할 때 악사의 연주를 즐겁게 들은 다음, 궤짝을 가져오게 하여 그 속에 든 돈을 한 줌 집어 주며 "이것은 공금이 아니고 내 돈이다"라고 말했다고 한다. 이렇듯 백성이 옳은 경우가 많다. 그래서 군주들은 백성의 배를 채울 거리를 가지고 눈요기를 시켜주는 것이다. 적선이나 기부도 군주의 손으로 하면 빛이 나지 않는 법이다. 개인들이 그것을 하도록 하는 게 낫다. 따져보면 왕에게는 자기 것이라고는 없다. 왕이라는 존재도 다른 사람들이 있기에 가능한 것이다.

　재판권은 재판하는 자를 위해서가 아니라 재판받는 자를 위해 있는 것이다. 높은 직위는 결코 그 자리에 앉을 사람을 위해서가 아니라 아랫사람을 위해서 만든 것이다. 의사가 있는 것은 환자를 위해서지 그 자신을 위해서가 아니다. 모든 관직은 기술과 마찬가지로, 실현하고자 하는 목적이 자기 바깥에 위치해야 한다. "어떤 기술도 그 자체를 목적으로 하지 않는다."[77]

　젊은 왕자를 훈육하는 사람들은 이런 점을 중시했다. 남에게 베푸는 후한 마음이 미덕이라고 가르치고, 무엇이든 거절하지 않는 법을 익히게 하고, 사람에게 물건을 주는 것보다 더 유효한 물건의 사용법은 없는 것으로 여기도록 교육했다. 하지만 이런 교육법은 자신들이 모시는 군주의 이익보다는 그들 자신의 이익을 도모했으며, 자신들이 누구를 상대로 이야기하는지를 이해하지 못했다는 것을 말해준다. 남의 비용으로 적선을 베풀 수 있는 자에게 후한 마음을 갖게 하는 것은 너무도 쉬운 일이다. 이런 미덕의 가치는 주는 선물의 양에 따라 정해지는 것이 아니라 선물을 마련하는 방식에 달린 것이므로, 강력한 권세를 가진 자의 손으로 행해진다면 의미가 없다고 할 수 있다. 남에게 선심을 베풀기 전에 남의 재산을 낭비하는 셈이다. 후한 마음을 갖게 하는 것은 왕이 지녀야 할 다른 미덕에 비하면 그렇게 장려할 만한 것이 못 된다고 할 수 있다. 폭군 디오니시우스[78]의 말처럼 그것이야말로 전제 정치와 유일하게 잘 어울리는 미덕인 것이다. 나라면 차라리 젊은 왕자들에게 옛날 어떤 농부가 이야기한 다음과 같은 말을 가르쳐줄 것이다. "좋은 수확을 하려면 하나하나 손으로 씨를 뿌려야 한다. 포대째 씨를 쏟아서는 안 된다." 그리고 무엇을 주는 경우에, 좀 더 정확하게 말해서 자기를 섬기며 봉사한 자들에게 대가를 지불할 경우에 공정하고 사려 깊게 처신해야 한다고 가르칠 것이다. 만약 군주의 후한 마음에 분별과 절제가 없다면 나는 오히려 그가 인색한 편이 낫다고 생각한다.

군주가 갖추어야 할 가장 중요한 미덕은 공정公正에 있다고 생각한다. 아울러 후한 마음을 베풀 때 드러나는 공정의 모습이 군주 간의 주요한 차이를 보여준다고 생각한다. 왜냐하면 다른 분야에서 이루어지는 공정은 종종 다른 사람의 손을 빌려 실행되지만, 이 공정만은 특별히 군주 자신이 맡아

행하기 때문이다. 절제 없이 후하게 구는 것은 백성의 호의를 얻기에 그다지 훌륭한 방법이 아니다. 오히려 더 많은 사람의 반감을 살 수 있기 때문이다.

당신이 처음부터 너무 지나치게 베풀면 나중에는 점점 베푸는 것이 어려워진다. 당신이 좋아서 하는 일을 오래 지속할 수 없게 만드는 것처럼 어리석은 일이 어디 있는가?[79]

또한 신하의 공적을 고려치 않고 후한 처사를 행한다면 그 사람에게 치욕일 것이며, 그들도 고마워하지 않을 것이다. 폭군들 중에는 자신들이 부당하게 출세시켜준 바로 그 신하들이 백성의 증오심을 불러일으켜 희생된 자들이 있다. 알고 보면 이런 신하들은 자신들이 부당하게 받은 재화를 온전히 자신의 것으로 만들기 위해서는 그것을 베푼 자에게 경멸과 증오를 나타내거나 대중의 판단과 의견에 영합해야 한다고 생각했던 자들이다.

군주에게 너무 많은 것을 받은 신하는 군주에게 요구하는 것도 많은 법이다. 그들은 합리적인 수준을 요구하는 것이 아니라, 전례에 따라 그들의 요구를 조절한다. 우리는 종종 우리의 후안무치에 얼굴이 화끈거릴 때가 있다. 공정함을 생각한다면 우리는 우리가 행한 봉사보다 너무 많은 보수를 받는다. 예를 들어 군주에 대해 우리가 지고 있는 자연적 책무를 고려한다면 우리는 일정 부분 군주에게 빚진 것이 있지 않은가? 따라서 만약 군주가 우리의 비용을 모두 부담해준다면 그것은 다소 지나치다고 할 수 있을 것이다. 우리에게 도움을 주는 것만으로 충분하다. 그 이상은 은혜라 부르는 것으로, 우리 쪽에서 요구할 것이 아니다. 선심liberalité과 자유liberté는 거의 발음이 같다.

선심에 대한 우리의 요구는 끝이 없다. 우리는 이미 받은 것은 생각하지 않고 앞으로 받을 것만 계산에 넣기 때문이다. 그래서 군주는 신하와 백성에게 베풀 것이 사라질수록 그만큼 주변의 친구들도 사라지는 것이다. 채울수록 더 커지는 인간의 욕망을 군주가 어떻게 감당하겠는가? 받을 것만 생각하는 자는 이미 받은 것은 생각하지 않는다. 배은망덕은 탐욕의 속성이다.

키루스 대제[80]의 사례는 좋은 베풂이 무엇인지 보여주고, 이는 오늘날의 왕들이 잘 베푸는지를 판단하는 시금석이 될 수 있다. 여기서 이를 잠깐 살펴보아도 좋을 것이다. 왜냐하면 오늘날의 왕들은 자신들이 알지 못하는, 도움보다 해가 될 자들에게 원조를 구하기 때문이다. 그들이 받는 원조는 이름만 공짜인 원조다. 크로이소스[81]는 키루스 대제가 선심을 너무 후하게 베푼다고 비난하면서, 대왕의 손이 조금만 덜 '헐렁'했다면 재산이 얼마나 더 불었을지 계산해 보였다. 이에 키루스 대제는 자기가 베푼 선심이 옳은 것이었음을 보여주려 했다. 그래서 자기가 특별히 출세시켜준 여러 지역의 제후들에게 급히 사람을 보내 각자가 마련할 수 있는 최대한의 돈을 조달해 자기를 위기에서 구해달라고 청하고, 도와줄 수 있는 액수를 미리 알려달라고 요청했다. 제후들이 약조한 금액의 목록을 들여다보니, 이전에 키루스 대제가 베풀었던 것을 그대로 돌려주는 정도로는 부족하다고 여겨 거기에다 자기 재산을 더 보태어 보내왔고, 그 총액은 크로이소스가 계산해 보여준 액수보다 더 많았다. 이를 확인한 키루스 대제는 크로이소스에게 이런 말을 전한다. "내가 다른 왕들보다 부富를 덜 좋아하는 것은 아니오. 오히려 그들보다 더 절약하는 사람일 거요. 당신은 알 것이오. 내가 얼마나 적은 밑천으로 그 많은 친구들의 귀중한 재산을 얻었는지, 그리고 나에 대한 의무도 애정도 없는 용병들에게 재산을 지키게 하는 것보다 그들이 내 재산을 얼마나 더 충실하게 지켜주었는지를. 내 재산은 금고 속에 보관되어 다른 왕들의 미움과 시기와 경멸을 사는 것보다 훨씬 더 바람직하게 관리되고 있다오."

로마 황제들은 각종 경기나 공공 행사의 호화로움에 대해 다음과 같이 변명했다. 즉 자신들의 권위는 어떤 면에서는 로마 시민의 의사에 달려 있고, 또한 로마 시민은 옛날부터 이런 종류의 호화로운 구경거리에 익숙해 있다는 것이다. 하지만 그런 풍습이 생긴 것은 몇몇 개인에 의해서이며, 이들은 주로 자신들의 주머니를 털어 막대한 비용이 드는 거창한 행사를 열어 동포나 친지들을 기쁘게 한 것이다. 이를 그들의 왕들이 모방하면서 전혀 다른 의미를 갖게 된 것이다.

정당하게 돈을 소유한 사람으로부터 돈을 빼앗아서 그 사람과 전혀 관계없는 사람에게 건네주는 것을 선심이라고 생각해서는 안 된다.[82]

필리포스[83] 왕은 그의 아들이 선물로 마케도니아 사람들의 마음을 사려 하자 편지를 보내 다음과 같이 나무랐다. "무슨 짓인가. 신하들이 그대를 왕이 아닌 물주로 보기를 바라는 것인가? 그들의 마음을 얻으려거든 금고의 은혜로써가 아니라 그대의 덕성의 은혜로써 얻어라."

그렇지만 프로부스[84] 황제가 한 일은 대단한 구경거리였다. 즉 원형 경기장에 푸른 잎이 무성한 커다란 나무를 엄청나게 옮겨 심어 울창하고 조화로운 숲을 꾸미고, 첫날에는 그곳에다 타조 천 마리, 수사슴 천 마리, 멧돼지 천 마리, 다마사슴 천 마리를 풀어놓아 시민들에게 사냥하도록 했다. 이튿날에는 커다란 사자 백 마리, 표범 백 마리, 곰 삼백 마리를 시민들 앞에서 도살했다. 사흘째에 검투사를 삼백 개의 조로 편성하여 죽을 때까지 싸우게 한 것은 정말 굉장했다. 아울러 거대한 원형 경기장의 외부를 대리석으로 장식하고 또 수

많은 조각상들로 꾸미고, 내부는 희귀한 물건들로 채워 번쩍거리게 한 것이다.

원형 경기장의 둘레는 보석으로, 문은 황금으로 장식되어 있나니.[85]

이 거대한 원형 경기장의 사방은 바닥에서부터 꼭대기까지 60열列이나 80열로 대리석으로 만든 계단식 좌석이 놓였고, 좌석 위에는 방석이 깔려 있었다.

염치가 있거든 물러가라! 법이 정한 비용을 치를 수 없는 기사들은, 그 좌석에서 일어나라![86]

계단식 좌석에는 족히 10만 명은 편안하게 앉을 수 있었다. 경기가 열리는 넓은 마당에는 먼저 인공으로 열리고 닫히는 동굴 같은 것이 있어, 거기에서 구경거리가 될 동물들이 쏟아져 나왔다. 그다음에는 거기에다 깊은 바다의 물을 끌어와 채운 다음 많은 바다 괴물들을 뛰어놀게 했고, 무장한 배를 띄워 마치 해전海戰을 방불케 하는 전투를 벌이도록 했다. 이어서 다시 물을 빼내 바닥을 말려 평평하게 한 다음 검투사들이 서로 맞붙어 싸울 수 있도록 했다. 마지막으로 그 넓은 마당에 진사와 소합향[87]을 모래처럼 뿌려 운집한 모든 관중을 위해 성대한 연회를 베풀어 그날 행사의 마지막을 장식했다.

우리는 얼마나 많이 보았던가! 원형 경기장의 일부가 내려앉으며 심연이 열리고, 그곳에서 맹수의 무리가 튀어나오고, 사프란 껍질로 금빛으로 물든 숲이 솟아오르는 것을! 우리가 그 숲에서 본 것은 맹수만이 아니다. 격투하는 곰들과 함께 바다 표범들, 그리고 바다의 말이라 불릴 만한 끔찍한 짐승들도 보았다.[88]

때로는 그곳에서 과일나무와 푸른 잎이 우거진 나무로 뒤덮인 높은 산이 솟아올랐고, 그 꼭대기에서는 생명수의 입구처럼 물을 쏟아내 강이 흐르게 했다. 때로는 그곳에 커다란 배를 띄워놓았다. 그 배는 저절로 가운데가 반으로 갈라져 벌어진 틈으로 400~500마리의 격투용 짐승을 뱉어놓은 다음 다시 스스로 틈을 닫고 사라졌다. 어떤 때는 원형 경기장의 밑바닥에서 향수를 섞은 물이 분수처럼 솟아오르게 한 적도 있었다. 그 물줄기는 하늘 높이 솟아올라 사방으로 퍼지며 관중을 향기롭게 해주었다. 그리고 날씨의 변화에 영향을 받지 않게 바늘로 꿰맨 진홍 차일 혹은 여러 빛깔의 명주 천막을 이 넓은 광장을 다 덮을 만큼 쳐놓았는데, 이 천막은 마음대로 펼치거나 걷을 수 있었다.

타는 듯한 태양이 경기장에 내리쬐어도 헤르모게네스[89]가 도착하면 곧 차일은 걷히고 만다.[90]

맹수들이 갑자기 뛰어드는 것을 막기 위해 관중들 앞에 둘러친 그물도 사람들이 금실로 짠 것이었다.

그물을 뜬 실도 금빛으로 빛나고 있었다.[91]

만약 이런 지나친 사치 속에 용인할 만한 어떤 것이 있다면, 그것은 우리를 감탄하게 하는 상상력과 참신함에 있는 것이지 결코 여기에 들어간 비용에 있는 것이 아니다.

우리는 이들이 부린 허영을 통해, 그 시대가 우리와는 다른 종류의 재치로 가득했음을 알 수 있다. 그 시대에는 자연의 다른 산물 또한 풍부했다. 그렇다고 그 시대에 자연이 진력을 다해 자신이 가진 모든 것을 다 내주었다고 생각해서는 안 된다. 우리는 앞으로 나아가기는커녕 여기저기를 배회하며 빙빙 돌고, 우리가 왔던 길로 되돌아가곤 한다. 나는 우리의 지식이 모든 면에서 미약한 것이 아닌가 걱정한다. 우리는 앞을 멀리 내다보지도, 뒤를 돌아보지도 않는다. 우리의 지식은 아주 작은 영역을 다루고, 오래 지속하지도 못한다. 내용의 폭도, 시간의 폭도 좁은 것이다.

아가멤논 이전에도 영웅은 많았건만 누구도 그들을 위해 눈
물을 흘리지 않았다. 기나긴 어둠이 그들을 파묻어버렸다.[92]

트로이 전쟁과 트로이의 멸망 전에도 다른 많은 시인은 다른
많은 사건들을 노래했다.[93]

솔론[94]이 이집트의 제관들로부터 들은 바에 따르면 그들
의 나라는 아주 오래전부터 존속했고, 다른 나라의 역사를
배우고 보존하는 방법이 뛰어났다고 한다. 솔론의 다음과 같
은 말은 이에 관한 증거라고 할 수 있다. "만약 우리가 이 거
대한 지역과 그 모든 시대를 하나하나 빠짐없이 모두 볼 수
있다면, 그리고 우리의 정신이 그 속에 들어가 제한 없이 사
방을 돌아다닐 수 있다면, 우리는 그 광대한 공간 속에서 무
수한 사물의 형태를 발견할 수 있을 것이다."[95]

과거로부터 우리에게 전해진 것들이 전부 진실이고 그것
을 누군가가 알고 있다 하더라도, 그것은 우리가 모르는 여
타의 사실과 비교하면 아무것도 아닐 만큼 작은 것이다. 그
리고 우리가 사는 동안에도 흐르고 있는 이 세계의 모습에
대해서는 제아무리 호기심 많은 자의 지식이라 하더라도 그
얼마나 편협한 것인가. 우연에 의해 보편적이고 중대한 사건
으로 여겨진 개별 사건들뿐만 아니라 위대한 사회나 제국의
상태에 대해서도 우리가 아는 것의 백 갑절 이상을 우리는

모르고 지나간다. 우리는 대포와 인쇄술의 발명을 기적이라고 외치지만, 이 세상의 다른쪽 끝에 있는 중국에서는 우리보다 천 년 전에 이미 그것을 사용하고 있었다.

만약 우리가 알지 못하는 세계를 모두 볼 수 있다면, 우리는 사물의 수가 끊임없이 증가하고 그 모습이 변한다는 것을 인식하게 될 것이다. 자연에서 유일한 것, 예외인 것은 전혀 없다. 그런 것은 단지 우리의 지식 속에나 있을 뿐이다. 그런 지식이 우리가 제정한 규칙의 보잘것없는 토대를 구성하는 것이며, 대개의 경우 사물의 극히 잘못된 모습만을 우리에게 건네주는 것이다. 오늘날 우리는 이런 우리의 지식에 기반해서, 우리 자신의 나약과 퇴폐에서 끌어온 논법으로 이 세계가 쇠퇴하고 몰락해간다는 터무니없는 결론을 내리고 있다.

우리의 시대는 쇠락하고, 우리의 대지도 메말라간다.[96]

이렇게 말한 시인이 세계의 탄생과 젊음은 다양한 기술이 새로 등장하고 풍요롭게 발전하던 자기 시대의 온갖 정신 속에서 찾은 활력 때문이라고 했으니 이 또한 얼마나 터무니없는 결론인가.

생각건대, 세상의 모든 것은 늘 새롭고 늘 최근의 것이다. 세상의 출생 연대는 그리 오래되지 않았다. 그 때문에 오늘날 어떤 기술은 스스로 발전하며 나아지고 있다. 그리고 다른 많은 분야처럼 항해술에도 많은 장비들이 새로 추가되고 있다.[97]

우리는 최근에 신대륙을 발견했다. 과연 그곳이 우리가 알지 못했던 마지막 세계라고 누가 보증할 수 있을까. 악마들도 시빌레[98]들도, 그리고 우리도 지금껏 이 세계에 대해 몰랐다. 그곳은 우리가 사는 세계 못지않게 크고 풍요롭고 사람들로 가득하지만, 너무 미숙하고 순수하기 때문에 그들에게 A, B, C를 가르쳐주어야 한다. 그들은 50년 전까지만 해도 문자, 도량형, 의복, 밀, 포도주 등을 알지 못했다. 그곳 사람들은 그때까지 어머니 대자연의 품에서 벌거벗은 채로 어미가 주는 것만 갖고 살았다.

만약 우리가 우리 세계의 쇠락을 올바르게 이해한다면, 그리고 루크레티우스가 자신이 살던 세계의 젊음에 대해 쓴 것을 올바르게 이해한다면, 우리 세계가 빛을 잃고 침체될 때 신대륙의 새로운 세계는 광명을 얻는 것이라고 볼 수 있다. 우주의 한쪽 손은 마비되고, 다른 쪽 손은 원기가 왕성해지는 것이다.

나는 우리의 병폐가 그들에게 옮아 신대륙의 쇠퇴와 몰락이 크게 앞당겨진 것은 아닌지, 우리의 생각이나 기술을 그들에게 너무 비싸게 팔아먹은 것은 아닌지 몹시 우려스럽다.

그곳은 아직 어린 세계였다. 그러나 우리는 우리의 가치와 타고난 능력을 우리만의 미덕으로 여겨 그들을 지도하거나 그들에게 규범을 강요하지 않았다. 우리의 정의와 선량함을 구실로 그들을 회유하지 않았고, 우리의 관대함으로 그들 위에 군림하지도 않았다. 그들은 우리와 거래를 하거나 우리에게 회답할 때 우리만큼 명석하고 적절하게 대응했다.

쿠스코[99]와 멕시코의 도시들은 놀랄 만큼 화려했다. 왕의 정원에는 황금으로 만든 나무, 과실, 식물이 종류별로 크기에 따라 진열되어 있었고, 왕의 전시실에는 그 나라의 육지와 바다에서 나오는 모든 동물을 역시 황금으로 만들어 진열해놓았다. 그들이 보석, 깃털, 실, 물감으로 만든 것들 또한 무척 아름다웠다. 이 모든 것은 그들이 기교 면에서도 우리에 결코 뒤지지 않았음을 보여준다.

그들은 신앙심과 준법정신이 높고 선량하며 관대하고 정직했기에 오히려 우리가 더 큰 이득을 보았다. 그들은 이런 점 때문에 도리어 패배하고 팔려가고 배신당했다.

고통과 굶주림, 그리고 죽음 앞에서 그들이 보인 대담함·용기·단호함·의연함·결단성에 대해 말하자면 나는 그들의 그런 점들을 이쪽 세계의 우리에게 전승된 고대의 가장 유명한 것들과 비교하는 것을 주저하지 않는다.

그들의 처지를 헤아려보라. 자신과 다른 언어와 종교를 가졌고 용모도 습관도 다른 수염투성이 사람들이, 아득히 먼 세계에서, 게다가 사람이 살고 있으리라고는 생각해본 적도 없는 곳에서, 이제껏 본 적 없는 커다란 괴물을 타고 그토록 느닷없이 나타났을 때의 놀라움을. 그때까지 그들은 말(馬) 따위를 보지 못했을뿐더러 인간이나 짐을 실어 나를 수 있게 길들인 어떤 동물도 본 적이 없었다. 그들이 대면한 이들은 번쩍이는 견고한 '껍데기'로 몸을 감싸고 예리하고 번쩍이는 무기를 들고 있었는데, 그들은 거울과 칼이 내뿜는 섬광을 기적이라 여겨 금이나 진주 같은 귀중한 보물들과 바꾸려고 들었다. 사실 그들은 우리의 무기인 강철을 이해할 만한 어떠한 수단도 지식도 갖추지 못한 사람들이었다. 여기에 더해 우리의 대포와 소총이 냈을 불꽃과 굉음을 생각해보라. 한 번도 본 적 없는 이것들을 갑자기 들이대면 카이사르라도 놀라 동요할 것이다.

이 모든 일이 벌거벗고 사는 사람들(무명옷을 만들어 입는 일부 지역을 제외하고)에게, 무기라고는 활, 돌, 몽둥이와 나무로 만든 방패밖에 없는 사람들에게 일어난 것이다. 그들은 생소한 것, 미지의 것을 보고 싶은 호기심에 사로잡혀, 그리고 우리의 거짓 우정과 호의에 속아서 허를 찔린 것이다. 이런 점들을 고려한다면, 우리는 정복자들이 그동안 거둔 승리를 다시 생각하게 될 것이다.

나는 수천 명의 남자와 여자, 어린이들이 그들의 신과 자유를 지켜내기 위해 불가피한 위험을 감수하며 그토록 여러 번 몸을 던진 저 불굴의 열정을 보며, 자신들을 그토록 수치스러운 방법으로 속인 자들의 지배에 굴하기보다는 기꺼이 최악의 곤경과 난관을 견디고 심지어 죽음마저 감당해내는 저 숭고한 고집을 보며, 또한 포로 상태에서도 비겁한 승리자에게 먹을 것을 얻느니 차라리 굶어 죽겠다는 몇몇 사람을 보며 다음과 같이 예단할 수 있다. 만약 우리가 무기와 경험 그리고 수적으로 대등한 조건에서 그들을 공격했다면, 우리는 지금까지 경험한 어떤 전쟁보다 더한 위험을 겪었을 것이라고.

어찌하여 이런 고귀한 정복이 알렉산드로스 대왕이나 고대 그리스, 로마 사람들의 차지가 되지 않았단 말인가. 또 어찌하여 자신들의 미개한 부분을 서서히 다듬고 고쳐온 덕성을 가진 이 사람들이 그토록 많은 제국과 민족의 흥망성쇠와 함께하지 못했단 말인가. 만약 자연이 그곳에 낳아둔 이런 좋은 덕성을 망가뜨리지 않고 발전시킬 수 있었다면 어땠을까. 토지를 경작하고 도시를 가꾸는 데 필요한 이쪽 세계의 기술을 전하고, 나아가 그들의 고유한 덕성에 그리스와 로마의 덕성을 더할 수 있었다면 어땠을까. 만약 그랬더라면, 또 우리가 그들에게 보여준 첫 모습과 행동들이 그곳 사람들에게 감탄과 모방의 마음을 불러일으켰다면, 그래서 그들과 우리 사이에 형제와 같은 동맹 관계가 형성되었다면, 우리가 사는 세상은 전체적으로 훨씬 더 나아지지 않았을까. 대부분

타고난 자질이 훌륭하고 순진하기 그지없고 배움에 굶주려 있던 그곳 사람들에게서 우리가 많은 것을 얻기란 얼마나 쉬운 일이었을까?

그러나 우리는 반대로 그들의 무지함과 미숙함을 이용해, 우리 방식을 따라 그들을 배신과 음탕과 물욕, 그리고 그 밖의 온갖 몰인정과 잔인에 손쉽게 굴복하게 만들었다. 교역에서 상대에게 이토록 값비싼 대가를 치르게 한 자들이 일찍이 또 있었던가. 진주와 후추 거래를 위해 수많은 도시를 파괴하고 수많은 민족을 몰살해 세상에서 가장 풍요롭고 아름다웠던 땅을 쑥대밭으로 만들어놓은 것이다.

얼마나 고약한 승리인가. 일찍이 어떤 야심도, 어떤 국가 간의 적의敵意도 같은 인간을 이토록 끔찍한 혐오와 비참한 재난으로 몰아넣은 적은 없었다.

일부 스페인 사람들은 해안을 따라 광산을 찾던 중에 비옥하고 쾌적하며 인구가 많은 한 지역을 발견하고 상륙해서 평소에 늘 하던 것처럼 그곳 주민들에게 이렇게 요구했다. "우리는 카스티야100의 왕이 파견하여 먼 항해 끝에 이곳을 찾아온 평화로운 사람들이다. 카스티야의 왕은 지상 최대의 왕으로, 지상에서 신을 대표하는 교황으로부터 인도 제도 전체의 영유권을 받았다. 만약 너희가 우리 왕에게 조공을 바치겠다고 한다면 그에 상응하는 대우를 할 것이다. 우리는 너희에게 우리가 먹을 식량과 약으로 쓸 황금을 요구한다. 아울러 너희가 유일신의 신앙과 우리 종교의 진리를 받아들이기를 권하노라." 그리고 어느 정도 위협을 가했다.

이에 대해 그들은 이렇게 답했다. "당신들은 스스로가 평화로운 사람이라고 말하는데, 진짜 그렇더라도 지금은 그렇게 보이지 않는다. 당신들의 왕에 대해 말하자면, 남에게 뭔가를 요구하는 것으로 보아 상당히 곤궁한 것 같다. 그리고 그 왕에게 영유권을 부여했다고 하는 자도, 자기 것이 아닌 것을 제삼자에게 주어서 원래의 소유자와 분쟁을 일으키는 것을 보니, 불화를 조장하기를 즐기는 인물임이 틀림없다. 식량은 원하는 대로 주겠다. 그러나 황금은 우리도 거의 가지고 있지 않다. 우리는 황금을 중요하게 여기지 않는다. 우리 삶에 무익한 물건이기 때문이다. 우리는 오로지 행복하고 즐겁게 살기를 바랄 뿐이다. 유일신이란 말은 그럴듯하다. 그러나 오랫동안 믿어온 종교를 버릴 생각은 없다. 우리는 친구나 친지 이외의 권고를 받아들이는 데 익숙하지 않다. 당신들의 위협에 대해서 말하자면, 상대가 어떤 기질이나 방편이 있는지도 모르면서 위협을 가한다는 것은 판단력이 부족하다는 뜻이다. 그러니 이 땅에서 빨리 물러가길 바란다. 왜냐하면 우리는 무장한 외국인을 호의적으로 받아들이는 데 익숙하지 않기 때문이다. 우리의 요구를 받아들이지 않는다면 당신들은 이런 꼴을 당할 것이다." 그들은 이렇게 말하면서 마을 주변에 매달아놓은 처형자들의 해골을 보여주었다. 어린아이처럼 구는 스페인 사람들에 대한 참으로 정중한 훈계가 아닌가.

어쨌든 스페인 사람들은 이곳이든 다른 곳이든 자신들이 찾는 재물을 발견하지 못한 곳에서는 설령 다른 좋은 이득을 취할 수 있어도 체류하지도 전쟁을 일으키지도 않았다. 내가 앞에서 말한 '식인종들'이 그 점을 증언할 것이다.[101]

스페인 사람들은 이 신대륙의 가장 강력한 두 명의 왕, 아니 우리 대륙까지 포함해서 왕 중의 왕이라고 할 수 있는 두 왕을 마지막으로 쫓아냈는데, 그중 한 사람이 페루의 왕이다. 그는 어떤 전투에서 포로가 되어 터무니없는 몸값을 요구받았지만 충실히 그것을 지불했고, 교섭 과정에서 솔직하고 자유롭고 단호한 태도와 통찰력, 올바른 정신을 보여주었다. 한편 승리자 쪽은 132만 5500온스의 황금과 그에 버금가는 은, 그 밖의 다른 물건들을 강탈했는데, 그들의 말에 황금 편자를 박을 정도로 많은 양이었다. 게다가 약속을 어기고 페루 왕의 남은 보물이 얼마나 되는가를 확인하고, 이마저 모조리 빼앗으려 들었다. 그리하여 그들은 이 왕이 지방민들을 교사하여 자신의 자유를 되찾으려 했다는 거짓 증거를 꾸몄다. 게다가 이런 음모를 꾸몄다고 하는 자들을 사주하여 재판이라는 것을 열게 한 다음, 페루 왕을 공개적으로 교수형에 처하게 했다. 그리고 처형되기 직전에 그가 세례를 받을 수 있게 하여 산 채로 화형당하는 것만큼은 면하게 해주겠다고 공언했다. 전대미문의 해괴한 대접이었다. 그러나 이 왕은 이에 굴복하지 않고, 실로 왕다운 몸가짐과 장중한 어투로 모든 것을 받아들였다. 승리자들은 그처럼 기괴한 처사에 아연실색한 백성을 달래기 위해 그의 죽음을 크게 슬퍼하는 체하면서 페루 왕의 장례를 성대히 치러주라고 명했다.

또 다른 강력한 왕인 멕시코의 왕은 포위당한 도시를 오랫동안 지키면서 이제껏 어떤 군주나 백성도 보인 적이 없는 인내심과 강인함을 보였지만, 불행히도 적에게 생포되어 왕의 대우를 받는 조건으로 항복했다.(그는 감옥 안에서도 왕의 면모에 걸맞지 않은 모습은 조금도 보이지 않았다.) 스페인 사람들은 승리를 거둔 뒤 곳곳을 샅샅이 뒤졌지만, 기대했던 만큼의 황금을 찾아내지 못했다. 그러자 황금이 있는 곳을 어떻게든 알아내기 위해 포로들에게 온갖 잔인한 고문을 가하기 시작했다. 그러나 포로들의 용기가 고문보다 강하여 무엇 하나 알아내지 못했고, 결국 그들은 격분하여 자신들의 신앙과 본국의 법률마저 무시하면서 왕과 궁정 대신 한 명을 끌어내어 서로 마주 보게 하고 고문을 가했다. 스페인군이 그 대신의 살을 벌건 불덩이로 지지자 끝내 고통을 이기지 못한 대신이 자신의 왕에게 가련한 시선을 보내며 더 버틸 수 없다고 말하자, 왕은 의연하고 단호하게 그를 쏘아보면서 그의 비겁함과 심약함을 나무라며 거칠고 힘찬 목소리로 다음과 같이 꾸짖었다. "자네는 짐이 목욕이라도 하는 줄 아는가? 정말로 내가 자네보다 편하다고 생각하는가?" 대신은 이 말이 떨어진 직후 고통을 이기지 못하고 그 자리에서 숨을 거두고 말았다. 왕은 반쯤 불에 탄 채 들려 나갔는데, 스페인군이 왕을 불쌍히 여겨서 그런 것은 아니었다. 그처럼 잔인한 인간들에게 무슨 연민 같은 것이 있겠는가? 그들은 약탈할 황금 항아리가 숨겨져 있다는 정보를 얻기 위해 사람 하나를 화형에 처할 수 있는 인간들이다. 그 사람이 높은 신분의 위대한 왕이라 할지라도 말이다. 그들이 왕을 밖으로 내보낸 이유는 왕의 불굴의 태도가 자신들의 잔인함을 더욱 수치스럽게 만들었기 때문이다. 그 후에 그들은 왕을 교수형에 처했다. 왕이 오랜 감옥살이와 예속에서 벗어나기 위해 용감하게 스스로 목숨을 끊으려 했기 때문이다. 이로써 왕은 위대한 군주에 걸맞은 최후를 장식했다.

스페인 사람이 460명을 한꺼번에 산 채로 불태워 죽인 일도 있었다. 그중 400명은 평민이고 60명은 지방 귀족이었지만, 모두 단순한 전쟁 포로였다. 우리는 이 이야기를 스페인 사람에게 직접 들었다. 그들은 이를 자랑하며 책으로 내기까지 했다. 정의감이나 종교에 대한 열성을 증명하기 위해서였을까? 분명 아닐 것이다. 그것은 이런 신성한 목적과는 너무나 상충되는 짓이다. 그들이 우리의 신앙을 전파할 목적이었다면 그들의 토지를 소유하는 것이 아니라 사람의 마음을 소유함으로써 신앙이 전파된다는 사실을 이해했어야 했다. 그랬다면 그들은 전쟁 때문에 불가피하게 일어나는 살인에 만족했을 것이다. 광산에서 일을 시킬 가련한 노예들만 살려둔 채 나머지를 짐승 대하듯 모두 죽여버리는 짓 따위는 하지 않았을 것이다. 결과적으로 이 일에 가담한 대장들은 그들의 잔혹한 행위에 분개한 카스티야 왕의 명령으로 대부분 그들이 정복한 바로 그곳에서 사형을 당하고 말았다. 그리고 그들 모두는 증오와 경멸의 대상이 되었다. 신께서도 합당한 조치를 취하시어, 막대한 약탈품들은 운반 도중에 바다가 삼켰고, 그들 사이에서 죽고 죽이는 싸움이 벌어졌다. 대부분의 병사들은 승리의 성과를 조금도 누리지 못한 채 약탈한 바로 그 땅에 묻히고 말았다.

신대륙에서 얻은 노획물은 검소하고 분별 있는 국왕의 손에 들어갔을 때조차도 그의 선왕들 때 기대했던 바와 신대륙에 처음 발 딛었을 때 발견한 풍부한 재물에 기대했던 바에 한참 미치지 못하는 수준이었다. 비록 많은 재물을 약탈했다 하더라도 기대했던 것에 비하면 아무것도 아니었다는 말이다. 신대륙에서는 화폐를 거의 사용하지 않았고, 따라서 그들은 황금을 한곳에 모아 마치 강력한 왕들이 대대로 물려받은 가구처럼 진열하고 전시하는 데 썼을 뿐이다. 신대륙의 왕들은 열심히 광산을 파헤쳐 궁전과 신전을 장식하기 위한 거대한 그릇과 조각상만 만들었던 것이다. 이에 반해 우리는 황금을 화폐로서 교역에 사용한다. 우리는 황금을 작게 쪼개 수

많은 형태로 변형시켜 널리 퍼뜨린다. 우리의 왕들이 몇 세기에 걸쳐 찾아낸 모든 황금이 이처럼 쌓이기만 하고 아무런 쓰임도 없이 보관되기만 했다고 상상해보라.

멕시코 왕국의 백성은 신대륙의 다른 나라 사람들보다 더 문명화되고 기술 면에서도 진보해 있었다. 그래서 그들은 우리처럼 세계의 종말이 가까워졌다 믿고 우리가 그들에게 가져다준 황폐를 그 징조로 보았다. 그들은 세계가 다섯 개의 태양이 뜨고 지는 다섯 시대로 구분된다고 여겼는데, 그중 네 시대는 이미 끝났고 지금 그들을 비추는 것이 다섯 번째 태양이라고 믿었다.

첫 번째 시대는 세상 전체를 휩쓴 대홍수가 일어나 모든 피조물과 함께 멸망했다. 두 번째 시대는 하늘이 대지 위로 무너져 모든 생명체를 질식시키면서 멸망했는데, 그들은 이때를 거인들의 시대라고 말한다. 그들은 스페인 사람들에게 그 시대의 해골을 보여주었는데, 그에 따르면 거인들의 키가 6미터나 된다고 한다. 세 번째 시대는 모든 것이 불에 타 멸망했다. 네 번째 시대는 몇몇 산을 쓸어버릴 정도로 공기와 바람이 요동쳐서 멸망했다. 그로 인해 인간은 죽지는 않았지만 모두 원숭이로 변해버렸다.(인간의 맹신은 이런 터무니없는 것도 받아들인다.)

네 번째 태양이 사라진 다음에 등장한 세상은 25년간 암흑 속에 갇혀 있었는데, 열다섯째 해에 남자와 여자가 창조되었고 그들이 인류를 다시 만들었다. 그로부터 10년이 지난 어느 날 태양이 새로 창조되어 모습을 드러냈다. 이들은 이때를 그들의 기원 원년으로 삼아 달력에서 셈하기 시작했다. 태양이 창조되고 3일째에 예전의 신들은 다 죽었다. 그 후 매일 새로운 신들이 하나둘씩 태어났다. 내가 읽은 책의 저자는 그들이 이 마지막 태양의 멸망을 어떻게 생각했는지에 대해서는 아무것도 가르쳐주지 않았다. 그러나 네 번째 변화 이후 그들이 헤아린 연도의 수를 생각해보면, 점성술사들의 생각처럼 800년 전 별들의 회합 때문에 세상에 많은 이변이 생겼다고 추정할 수 있다.

그리스, 로마, 이집트의 건축이 화려하고 웅장하기는 하지만 유용성과 정밀성 측면에서 그 어떤 건축물도 페루의 도로에 견줄 수 없다. 이 도로는 페루의 왕들이 만들도록 한 것인데, 키토Quito에서 쿠스코까지 약 1200킬로미터에 걸쳐 일직선으로 판판하게 닦인 너비 25보步의 포장도로이며, 도로 양쪽으로 높고 아름다운 성벽을 세웠다. 담 안쪽에는 언제나 물이 가득한 두 줄기의 개울이 흐르고, 가장자리에는 그들이 '몰리'라고 부르는 아름다운 나무를 심어놓았다. 페루인들은 도로를 만들다 산이나 바위를 만나면 그것을 허물어 평평하게 했고, 물웅덩이는 돌과 석회로 메웠다. 도로에는 구간별로 아름다운 건물을 역참驛站으로 세워두어, 그곳을 지나는 여행자나 군대를 위한 식량과 의복, 무기를 구비해놓았다.

내 나름대로 생각해보면, 특히 이런 나라에서 공사하기가 힘들었을 것이라는 걸 새삼 느낀다. 그들은 도로를 건설하면서 한 변의 길이가 3미터 이하인 돌은 사용하지 않았고, 게다가 그 돌을 운반하는 데 팔의 힘을 이용해 끄는 것 외에 다른 방법을 알지 못했다. 그들은 비계飛階를 설치하는 법을 몰라 건물을 높이 올릴 때는 그만큼 흙을 높이 쌓아올려 발판으로 삼았다가 허물곤 했다.

화제를 다시 우리의 마차로 돌려보자. 신대륙 사람들은 마차나 그 밖의 다른 교통수단 대신에 사람들의 어깨에 의존하는 방법을 썼다. 저 페루의 마지막 왕은 포로로 잡혀가던 날 자신의 군대가 싸움을 벌이던 중에도 황금으로 만든 가마 위에 놓인 황금 의자에 앉아 있었다. 스페인 사람들은 그를 생포할 생각이었기 때문에 의자에서 산 채로 떨어뜨리려고 했는데, 가마를 멘 자를 죽이면 또 다른 자가 죽은 자를 대신해 가마를 메었기 때문에 아무리 사람들을 많이 죽여도 왕을 떨어뜨릴 수가 없었다. 그리하여 마지막에는 어떤 기마병이 겨우 왕을 낚아채서 땅으로 끌어내렸다.[102]

소카토에 대하여[103]

나는 나만의 기준으로 남을 판단하는 흔해 빠진 잘못을 저지르지 않는다. 나는 남이 나와 다르다는 것을 기꺼이 인정한다. 보통의 사람들이 그렇듯이 내가 어떤 것을 택했다 해서 남도 그것을 따르라고 강요하지 않는다. 나는 서로 다른 수많은 삶의 방식이 있음을 이해한다. 그리고 여느 사람들과는 달리 우리의 공통점보다 차이점을 더 쉽게 받아들인다. 나는 되도록 남들을 내 생활 규범이나 준칙에서 해방시켜 그를 오직 그 자신으로서 고찰한다. 나 자신은 금욕적인 사람이 아니지만, 뢰양 수도회[104]나 카푸치노 수도회[105] 수도사들의 금욕에 감탄해 마지않으며, 그러한 삶의 방식을 훌륭하다고 생각한다. 나는 종종 내가 그들의 처지에 놓인다면 어떨지 상상해본다. 나는 그들이 나와 다르기 때문에 그만큼 그들을 사랑하고 존경한다. 나는 우리 모두가 독립적인 개별 인간으로서 판단되었으면 하며, 세상 일반의 사례에 따라 취급되지 않기를 바란다.

나는 비록 심약한 인간이지만, 활기 넘치는 강한 사람들에 대해 내가 가져야 할 존경을 거두지는 않는다.

사람들 중에는 자기가 모방할 수 있다고 생각하는 것만 칭찬하는 자들이 있다.[106]

비록 내가 진창 속에 구른다 해도, 단지 그 이유 때문에 도저히 모방할 수 없을 정도로 높은 곳에 있는 몇몇 위대한 영혼에 주목하지 못하는 것은 아니다. 나의 행동이 그들에 미치지 못한다 해도, 내가 올바르게 판단하고 또 이런 판단력을 잃지 않는다면 그것만으로도 나로서는 대단한 일이다. 다리가 쇠약해져 옴짝할 수 없어도 온전한 의지를 지녔다면 그것만으로도 훌륭한 일인 것이다.

우리가 살고 있는 이 시대는, 다른 곳은 차치하고 우리 지역만 보더라도 너무나 천하고 상스러워 덕德의 실천은커녕 덕에 대한 관념마저 결여되어 있다. 덕이란 이미 학교에서만 쓰는 특수한 말에 불과하다는 생각마저 든다.

그들은 덕을 단순히 말에 지나지 않는다고 생각하고 있다. 마치 신성한 숲을 나무들이 무성하게 우거진 곳이라고 보는 것처럼.[107]

설령 덕을 이해하지 못한다 해도 덕을 존중해야 한다.[108]

덕은 이제 벽에 걸어두거나 혀끝에 달거나, 또는 귀에 거는 장신구가 되고 말았다.

이제 어디서도 덕행德行을 찾아볼 수 없다. 그렇게 보이는 것들조차도 실제 본바탕을 살펴보면 그렇지 않다. 거기에는 이익, 영광, 걱정, 습관, 그리고 덕과는 아무런 연관이 없는 다른 요인들이 결부되어 있기 때문이다. 우리가 덕을 베풀 때 내보이는 정의, 용기, 친절은 남들이 보기에는, 그리고 사람들 앞에 드러나는 모습만 보면 덕이라 일컬을 수도 있을 것이다. 하지만 덕을 행하는 당사자를 낱낱이 뜯어보면 결코 덕이 아닌 경우가 많다. 거기에는 목적과 의도가 따로 있다. 그러나 덕은 오로지 그 자체를 위해 이루어져야 한다.

그리스인들이 파우사니아스[109]의 지휘 아래 저 유명한 플라타이아이 대전투[110]에서 마르도니오스[111]와 페르시아인들에게 승리를 거두었을 때, 승리자들은 관례에 따라 전공戰功의 영예를 나누었고, 최고의 수훈은 스파르타인들에게 돌아갔다. 공훈을 판별하는 데 나름대로 탁월한 역량을 가졌던 스파르타인들은 이 전투에서 가장 잘 싸운 명예를 누구에게 주어야 할 것인가를 결정하려 했고, 아리스토데모스라는 병사가 가장 용감하게 싸운 것을 알았다. 그러나 그들은 그에게 상을 주지 않았다. 왜냐하면 그의 용감한 행위가 테르모필라이 전투에서 받았던 비난[112]을 씻으려는 욕망과 용감하게 죽어 치욕스러운 과거를 지우려는 의지에서 비롯된 것이었기 때문이다.

우리의 판단력은 병이 들어 타락한 풍속을 좇고 있다. 나는 오늘날 대다수의 사람이 옛사람들의 아름답고 고귀한 행위에 저열한 해석을 가하거나 근거 없는 상황과 원인을 지어내어 그 영광을 더럽히려고 이리저리 궁리하는 것을 본다. 얼마나 교활한 재간인가! 이른바 가장 훌륭하고 순수하다는 행위를 나에게 한번 가져와보라. 나는 그것에 그럴듯한 조작을 가해 50가지의 그릇된 것으로 만들어버릴 수 있다. 그런 마음을 먹은 사람에게 우리의 내적 의도가 얼마나 각양각색으로 왜곡되는지는 오직 신만이 아신다. 그들이 늘어놓는 말들은 악의적이라기보다 조잡하고 어리석은 것이라고 할 수 있다.

사람들이 이 위대한 옛 이름들을 깎아내리는 데 쓰는 만큼의 노력과 자유를 나는 그들의 이름을 드높이는 데 써보겠다. 아주 훌륭한 이 인물들은 현자들의 동의를 얻어 세상의 모범으로 선출된 것이니, 나는 최선을 다해 이들을 호의적으로 해석하고 드러내 그 명예를 되찾아주기를 주저하지 않을 것이다. 그러나 그들을 이해하기 위한 우리의 노력이 그들이 마땅히 누려야 할 가치에 미치지 못한다는 사실도 받아들여야 한다. 덕을 최대한 아름답게 그리는 것은 올바른 인간의 당연한 임무이기 때문에 우리의 열정이 그들을 거룩하게 묘사한다고 해서 언짢아해서는 안 된다. 이 훌륭한 이들을 오히려 반대로 묘사하는 자들은 심술을 부리는 것이거나 자신의 부족한 능력 안에 믿음을 가둬버리는 것이다. 그게 아니면 오히려 나는 이렇게 생각하고 싶은데, 덕의 광채를 그 모습 그대로 순수하게 바라볼 수 있을 만큼 깨끗하고 훌륭하지도, 그렇게 충분히 훈련받은 시각을 가지지도 못해 그러는 것이다.

플루타르코스[113]도 이 점을 지적했다. 그는 당시 몇몇 사람이 소小카토의 자살의 원인을 카이사르[114]에 대한 공포 탓으로 돌렸다고 했는데, 이에 대해 플루타르코스가 분개한 것은 당연하다. 카토의 자살을 그의 야심 때문이라고 말한 사람들에게 플루타르코스가 얼마나 격노했을지는 충분히 짐작할 수 있다. 어리석은 사람들 같으니! 카토는 영광을 얻기 위해 그런 행동을 한 것이 아니라 치욕을 무릅쓰고 몸소 아름답고 정의롭고 고귀한 행동을 실천한 것이다. 이 인물이야말로 참으로 인간의 덕과 정신력이 어디까지 도달할 수 있는가를 보여주기 위해 자연이 선택한 모범이었다.

그러나 나는 여기서 이런 큰 주제를 논하려는 것이 아니다. 단지 카토를 찬양한 라틴 시인 다섯 명의 시구를 서로 비교해보려는 것이다. 그것은 카토에게 유익한 일이며, 어쩌면 이 시인들에게도 유익한 일일 것이다. 교육을 잘 받은 아이라면 처음 두 시인의 시구는 다른 것에 비해 단조롭고, 세 번째 시인의 시구는 훨씬 생기가 있지만 넘쳐나는 힘에 압도되고 만다고 여길 것이다. 아이가 손을 모아 감탄할 네 번째 시인의 시구 수준에 도달하려면 두세 단계 더 높은 상상력이 있어야 할 것이다. 마지막 시인의 시구는 다른 시구들과 어느 정도 거리를 두고 으뜸가는 자리를 차지하는데, 이 거리는 어떤 인간의 재주와 슬기로도 좁힐 수 없을 것이라고 아이는 호기롭게 말할 것이다. 그리하여 그 시구 앞에서 아이는 감탄을 금치 못하고 감격에 겨워 말을 잇지 못할 것이다.

그런데 이상한 점은 시를 평가하고 해석하는 사람보다 시인이 더 많다는 사실이다. 대부분의 사람들은 시는 이해하기보다 쓰기가 더 쉽다고 생각한다. 수준 낮은 시는 시를 짓는 규칙에 따라 판단할 수 있다. 하지만 훌륭한 시, 최고의 시, 탁월한 시는 규칙이나 우리의 이해력을 초월한다. 번갯불의 찬란하고 날카로운 빛을 보기 어려운 것처럼, 시의 아름다움을 가려내는 데 일가견이 있는 사람일지라도 훌륭한 시를 이해하는 것은 쉽지 않다. 시의 아름다움은 우리의 판단에 아첨하지 않으며, 우리의 판단을 중지시키고, 우리를 황홀경에 빠뜨린다. 시의 본질에 다다른 사람마저 현혹하는 이 열광은 시에 대해 말하거나 시를 읊는 사람의 마음을 사로잡는다. 자석이 바늘을 끌어당길 뿐만 아니라, 그 바늘 속에 다른 바늘을 끌어당길 힘을 흘려넣는 것과 같다. 이런 일은 극장에서 더 분명하게 관찰할 수 있다. 무사[115] 여신의 거룩한 영감은 먼저 시인을 분노라든가 슬픔이라든가 증오로 뒤흔들어 여신들이 원하는 만큼 망아忘我의 경지에 빠뜨려놓고, 이어서 그 시인을 통해 배우를, 또 배우를 통해 모든 관객을 감동시킨다. 자석에 바늘이 하나하나 서로 줄지어 매달리는 것과 같다.

시는 내가 아주 어렸을 때부터 내 폐부를 찌르고 나를 황홀케 했다. 그리고 본래부터 내 안에 있던 이 예민한 감수성은 시의 다양한 방식과 양식에 따라 이리저리 움직였다. 고급한 시와 저급한 시가 있다는 의미가 아니고(따지자면 시는 다른 어떤 것과 비교해도 고급한 것이다) 시마다 자신만의 색깔이 있었다는 의미다. 다시 말하면 처음에는 명랑하고 재치 있는 유려함에, 다음에는 날카롭고 꼿꼿한 정묘精妙함에, 마지막에는 원숙하고 항구적인 힘에 의해 움직였던 것이다. 오비디우스, 루카누스, 베르길리우스 등의 예를 보면 내 말이 더 잘 이해될 것이다. 이제 여기 우리 시인들이 등장한다.

살아생전에 카토는 카이사르보다 더 위대하였다.[116]

한 시인이 이렇게 말하자, 다른 한 시인이 말한다.

불굴의 카토는 죽음을 굴복시켰나니.[117]

또 다른 한 시인이 카이사르와 폼페이우스의 내전에 대해 이렇게 노래한다.

신들은 승자의 편을 들지만 카토는 패자의 편을 든다.[118]

네 번째 시인은 카이사르를 칭송하며, 다음과 같이 말한다.

지상의 모든 것이 그 앞에 무릎을 꿇었다. 길들일 수 없는 카토의 영혼만 제외하고.[119]

그리고 가장 으뜸가는 시인은 로마의 가장 위대한 사람들의 이름을 하나하나 나열한 뒤, 이렇게 끝을 맺는다.

그들에게 법法을 받아쓰게 한 카토.[120]

데모크리토스와
헤라클레이토스에 대하여

판단력은 모든 문제에 적용되는 도구이며, 어디에나 관여한다. 그래서 나는 판단력의 시험essais[121]에 온갖 기회를 이용한다. 내가 전혀 알지 못하는 문제라 해도 나는 그것에 대해 나 자신의 판단력을 시험해essaye 본다. 강을 건널 때처럼, 우선 멀리서 조심스럽게 깊이를 재본 다음, 강물이 내 키에 비해 너무 깊은 걸 알면 나는 강가에 머문다. 더 나아갈 수 없다는 사실을 아는 것도 판단력이 주는 이점 가운데 하나다. 아니 이것이야말로 판단력이 가장 자랑으로 여길 수 있는 효능 가운데 하나라 하겠다. 그래서 의미 없고 하찮은 일에 대해서도 나는 판단력이 그것에 실체를 부여하고 지지대를 설치하고 버팀목을 제공하기 위한 재료를 찾을 수 있을지를 시험해본다. 때로는 이미 많은 사람이 밟고 다져놓아 남의 발자국을 따라갈 수밖에 없는, 나만의 고유한 생각은 하나도 찾을 수 없을 만큼의 자주 논의된 고상한 문제에조차 판단력을 적용해본다. 거기서 판단력이 할 일은 자신에게 가장 좋다고 생각되는 길을 찾아보는 것이고, 수많은 길 중에서 어느 것이 가장 좋은지 따위의 의견을 밝히는 것이다.

운명이 내게 던져준 주제는 모두 똑같이 훌륭하여, 나는 그것을 임의로 선택하지 않고 가장 먼저 오는 것부터 받아들인다. 나는 그것들을 결코 전면적으로 다루려 하지 않는다. 그것이 무엇이든 전체를 다 파악하는 것은 불가능하기 때문이다. 우리에게 전체를 보여주겠다고 약속하는 자들도 마찬가지다. 각각의 사물이 가진 요소와 양상 가운데 나는 하나만을 선택해 어떤 때는 툭 건드리기만 하고 또 어떤 때는 만져보기도 하다가 가끔은 뼛속까지 찔러보기도 한다. 나는 넓게 찌르기보다 가능한 한 깊게 찌른다. 그리고 대부분 엉뚱한 관점에서 사물을 이해하기를 좋아한다.

내가 나 자신에 대해 잘 몰랐더라면, 나는 몇몇 문제에 대해서는 철저히 다루어보려고 덤벼들었을 것이다. 나는 어떤 계획이나 암시도 없이 맥락과도 상관없이 짧은 글들을 떼어다가 여기에 한마디, 저기에 한마디 던져놓기 때문에 그것들을 진지하게 다루거나 거기에 매달리지 않는다. 마음에 드는 결과물을 만들기 위해 생각을 바꾸지도 않는다. 나는 언제든지 내가 아는 것을 의심하고, 확실한지 의문을 던질 수 있으며, 내가 근본적으로 무지하다는 사실을 털어놓을 수 있다.

우리의 모든 움직임에는 우리가 드러난다. 파르살루스 전투[122]를 지휘할 때 드러난 카이사르의 정신은 그가 한가롭게 연애에 빠져 있을 때도 그대로 나타난다. 말의 가치는 승마 연습장에서 훈련하는 모습뿐만 아니라 천천히 걷는 모습으로도, 아니 마구간에서 쉬고 있는 모습으로도 판단할 수 있다.

정신의 작용 중에는 수준이 낮거나 뒤떨어지는 것도 있다. 하지만 그런 면을 보지 못한다면 정신을 온전히 안다고 할 수 없다. 정신을 제대로 관찰하려면 정신이 보통 걸음으로 걷고 있을 때가 더 좋다. 정신은 고결한 상태에서 특히 정념의 바람에 휩싸이기 쉽다. 그리고 정신은 각각의 재료에 자신의 전부를 쏟아부으므로, 결코 한 번에 한 가지 이상은 다루지 않는다. 정신은 재료 자체의 성질에 기초해 재료를 다루는 것이 아니라, 정신 그 자체가 이해하는 바에 기초해 다룬다. 사물은 자체의 무게와 치수, 그 밖의 여러 성질을 지니고 있다. 그런데 사물이 일단 우리 내부로 들어오면 정신은 그 사물을 자신이 이해하는 바에 따라 마름질한다.

죽음은 키케로에게는 끔찍한 것이지만 카토[123]에게는 바람직한 것이고, 소크라테스에게는 아무래도 좋은 것이다. 건강, 양심, 권위, 지식, 부富, 아름다움, 그리고 그것과 반대되는 요소들은 모두 정신의 입구에서 완전히 발가벗겨져 정신으로부터 새로운 옷과 갈색, 녹색, 밝은색, 어두운색, 점잖은색, 짙은 색, 옅은 색 등 각각에 어울리는 새로운 색깔을 부여받는다. 사람들의 정신에는 저마다의 양식, 규준, 본보기가 있기 때문에 결코 똑같은 결정을 내리지 않는다. 각자가 자기 나라의 여왕인 것이다.

그러므로 사물의 외적인 성질을 탓하며 우리 자신을 변명하는 짓은 더 이상 하지 말자. 오히려 사물에 성질을 부여한 우리 자신에게 설명을 요구하기로 하자. 우리의 행복과 불행은 오직 우리 자신에게 달려 있다. 공물供物과 서원誓願을 운명이 아니라 우리 자신에게 바치자. 운명은 인간의 기질에 대해 아무런 실권도 없다. 오히려 우리의 기질이 운명을 끌고가 운명의 형태를 주조하는 것이다.

알렉산드로스 대왕[124]을 평가할 때, 왜 그가 식탁에서 한가롭게 이야기를 나누면서 술을 실컷 마시는 모습을 보고 판단해서는 안 되는 것인가? 서양장기를 두는 모습을 보고 판단해서는 안 될 이유가 어디 있는가? 이런 어리석고 유치한 놀이를 할 때도 그의 정신의 줄(絃)은 퉁겨지고 있는 것이다.(나는 서양장기를 몹시 싫어하며 피하기까지 한다. 서양장기는 놀이라고 하기에는 부족한 점이 많고 지나치게 진지하다. 나는 유익한 것에 쏟아야 할 주의력을 그런 것에 쏟는 것이 부끄럽다.) 알렉산드로스 대왕은 저 유명한 인도 원정을 준비할 때도, 또 누군가가 인류의 구원이 달린 구절[125]을 해석하는 데 매달렸을 때도, 서양장기를 둘 때보다 더 몰두하지 않았다.

우리의 정신이 이 우스꽝스러운 놀이에 얼마나 몰두하는지를 보라. 온 신경이 얼마나 긴장하는지, 이 놀이가 우리 각자에게 자기 인식과 판단의 기회를 과연 얼마나 제공하는지 잘 보라. 서양장기를 둘 때만큼 내가 나를 빈틈없이 살피고 검토할 수 있는 때는 없다. 이 놀이를 할 때 우리를 흥분시키지 않는 감정이 하나라도 있는가? 분노, 분통, 증오, 초조, 그리고 이기려는 강한 욕망 등에 비하면 차라리 져주겠다는 감정은 봐줄 만한 경우라 할 수 있을 것이다. 하찮은 일에서 뛰어난 재능을 발휘하는 것은 명예를 존중하는 사람에게는 어울리지 않는 일이기 때문이다.

서양장기에 대해 내가 말하고자 하는 바는 다른 사항에 대해서도 적용될 수 있을 것이다. 인간의 작은 부분 하나하나, 인간이 하는 일 하나하나는 그 밖의 것과 마찬가지로 인간 자신을 잘 보여주고 드러낸다.

데모크리토스[126]와 헤라클레이토스[127]는 둘 다 철학자였다. 데모크리토스는 인간의 조건condition humaine을 공허하고 우스꽝스러운 것이라 생각하여 사람들 앞에 나설 때는 언제나 냉소적인 표정을 지었다. 반면 헤라클레이토스는 인간의 조건에 대해 연민과 동정을 갖고 있었으므로 언제나 슬픈 표정을 하고 눈물을 글썽거리고 있었다.

한 발짝 집 밖으로 나갈 때마다 한 사람은 비웃음을 날렸고, 다른 한 사람은 울음을 터뜨렸다.[128]

나는 전자의 기질을 더 좋아한다. 그 이유는 우는 것보다 웃는 것이 더 마음에 들기 때문이 아니라 후자보다 전자가 더 우리를 경멸하고 책망하기 때문이다. 사실 나는 우리가 아무리 경멸을 당해도 과하지 않다고 생각한다. 우리는 탄식이나 연민에는 불쌍히 여기는 대상에 대한 어떤 존중이 섞여 있다고 여기지만, 얕잡거나 업신여기는 것에는 가치가 없다고 생각한다. 나는 우리의 내부에 불행보다는 경박輕薄함이, 사악함보다는 어리석음이 있다고 생각한다. 우리는 악의惡意로 가득 차 있는 것이 아니라 어리석음으로 가득 차 있다. 우리는 불행한 존재가 아니라 비루한 존재다.

　그래서 둥근 나무통 속에 들어가 그것을 굴리고 다니며 알렉산드로스 대왕을 비웃고 우리를 파리나 빈 포대보다 나을 것 없는 존재로 여긴 디오게네스[129]가 '인간 혐오자'라는 별명으로 불린 티몬[130]보다 훨씬 날카롭고 신랄했기에, 나는 그가 훨씬 올바른 판관이었다고 생각한다. 인간은 자신이 증오하는 것에 더 큰 관심을 기울이기 마련이다. 티몬은 우리의 악의를 원하고, 파멸을 열망했으며, 우리를 사악하고 타락한 존재로 보고 우리 사회를 위험하다고 여겨 피했다. 반대로 디오게네스는 우리를 아예 깔보거나 업신여겼기에 우리와 접촉했다고 해서 그 자신이 혼란을 일으키거나 그 사실에 영향을 받는 일이 없었다. 그가 우리와 동료가 되기를 피했던 것은 우리와의 교제가 두려워서가 아니라 우리를 경멸

했기 때문이다. 그는 우리를 선을 행할 능력도, 악을 행할 능력도 없는 존재로 간주했던 것이다.

스타틸리우스[131]의 대답도 이와 같은 것이었다. 브루투스가 그에게 카이사르를 암살하는 음모에 가담하도록 권했을 때, 그는 그 시도가 정당한 것이라 판단했지만 브루투스의 무리들이 그렇게까지 애써 도와줄 만한 가치가 있는 인간들이라고는 생각하지 않았다. 이것은 "현자는 자신을 위해서가 아니면 아무것도 해서는 안 된다. 사람들의 섬김을 받아 마땅한 유일한 사람이기 때문이다"라고 말한 헤게시아스[132]의 가르침과 일치하는 것이며, 또한 "조국을 위해 현자가 위험을 무릅쓰거나 어리석은 자들을 위해 자신의 지혜를 위태롭게 하는 것은 옳지 않다"라고 한 테오도로스[133]의 가르침과도 일치한다. 인간은 비웃음을 살 만한 존재지만 동시에 자신이 처한 상황을 비웃을 수 있는 존재인 것이다.

신앙의 자유에 대하여

선한 의도도 무분별하게 행해지면 사람들을 매우 사악한 행위 속으로 몰아넣는 것을 흔히 볼 수 있다. 지금 프랑스를 내전의 혼란 속으로 몰아넣는 종교분쟁에서 가장 훌륭하고 분별 있는 당파는 의심할 여지 없이 우리의 종교와 예로부터 전해 내려오는 정치체제를 지지하는 당파다. 그러나 그 당파를 추종하는 선한 사람들 중에는(여기서 내가 말하는 것은 개인적인 원한을 설욕하거나 헛된 욕심을 채우기 위해, 또는 군주들의 은총을 얻기 위해 이 당파를 도구로 이용하는 이들이 아니다. 자신의 종교에 대한 진정한 열의와 조국의 평화와 안정을 유지하고자 하는 거룩한 고민으로 그 당파를 추종하는 사람들을 말한다) 격정을 가누지 못해, 이성의 한계를 넘어 때로는 부당하고 과격하고 위험하기까지 한 결정을 내리는 사람이 많다.

우리의 종교가 처음으로 법률에 의해 권위를 얻기 시작하던 시기에는 열성 신도들이 신앙심으로 무장하여 온갖 이교異教의 서적들을 배척했고, 학자들은 그 폐해의 심각성을 절실히 깨달았다. 나는 이런 폭력이 야만족의 방화放火보다 학문에 더 큰 피해를 입혔다고 생각한다. 코르넬리우스 타키투스[134]는 이런 사건에 대한 좋은 증인이다. 그의 친척인 타키투스 황제[135]가 특별한 명령을 내려 그의 책 전부를 세계의 모든 도서관이 구비하도록 했지만, 그의 반대자들은 우리 신앙에 위배되는 대여섯 개의 구절을 문제 삼아 그의 책들을 없애려 했다. 결국 이들의 집요한 추적을 피하지 못해 그의 책들은 온전히 남지 못했다. 그자들은 우리 기독교도에게 호의적인 황제들에게는 황당무계한 찬사를 조금도 아끼지 않았다. 그러나 로마 황제 율리아누스[136]가 '배교자'라는 별명을 얻은 것을 보면 쉽게 알 수 있듯이 기독교도에게 적대적인 황제들에게는 무차별적으로 비난을 퍼붓는 태도를 취했다.

율리아누스 황제는 참으로 훌륭하고 위대한 인물이었다. 그의 영혼에는 여러 철학 사상이 새겨져 있었으며, 그는 이 사상들에 따라 자신의 모든 행동을 조절하는 것을 신조로 삼았다. 실제로 그는 모든 종류의 미덕에서 모범을 보였다. 순결이라는 미덕에 대해 말하자면, 이는 그의 생애가 매우 분명하게 입증해준다. 그는 알렉산드로스[137]나 스키피오[138]에 비할 만한 처신을 하였으며, 한창때임에도 포로로 잡은 수많은 아름다운 여인들 중 누구도 거들떠보지 않았다. 그가 파르티아[139] 사람들에게 살해되었을 때 그는 겨우 31세였다. 정의라는 미덕에 대해 말하자면, 그는 올바른 판결을 위해 양쪽 주장을 직접 듣는 수고를 아끼지 않았다. 재판을 받는 이들에게 호기심에서 어떤 종교를 믿느냐고 물어보긴 했으나 기독교에 대해 그가 가지고 있던 반감이 판결의 저울에 영향을 미치는 일은 없었다. 그는 신하들의 힘을 빌리지 않고도 좋은 법률을 많이 만들었으며, 그 전의 황제들이 백성에게 부과했던 세금 중 많은 부분을 없앴다.

우리는 그의 행동을 직접 목격한 두 명의 훌륭한 역사가를 알고 있다. 그중 한 사람은 마르켈리누스[140]다. 그는 자신의 저서 여러 군데에서, 율리아누스 황제가 법령을 내려 기독교도인 수사학자나 문법학자들이 학교를 설립하거나 학생들을 가르치지 못하도록 했으며, 이 모든 일이 소리 없이 조용히 진행되기를 바랐다고 신랄하게 비난하고 있다. 만일 율리아누스 황제가 기독교도에게 이보다 더 가혹한 짓을 했더라면 마르켈리누스는 기독교에 호의적이었던 만큼 그 사실을 잊지 않고 기록으로 남겼을 것이다.

사실 율리아누스 황제는 기독교도를 혹독하게 대했지만, 기독교의 잔혹한 적은 아니었다. 기독교도들은 그에 대해 다음과 같이 이야기한다. 어느 날 그가 칼케돈시[141] 부근을 거닐고 있을 때, 그곳 주교인 마리스Maris가 무엄하게도 그를 "그리스도의 사악한 배신자"라고 불렀다. 그러자 율리아누스는 "물러가거라, 불쌍한 자여. 네가 두 눈을 잃어버린 것을 슬퍼하라"라고만 대응했을 뿐이다. 그러자 주교는 이렇게 대꾸했다. "나는 내 눈을 멀게 한 그리스도에게 감사한다. 너의 뻔뻔한 얼굴을 보지 않아도 되니까." 전해 내려오는 이야기에 따르면, 그때 율리아누스 황제는 달관한 사람처럼 평온한 표정이었다고 한다. 어쨌든 이 일화는 그가 우리 기독교도에게 가했다고 전해지는 잔혹함과는 별로 들어맞지 않는다. 또 한 사람의 증인인 에우트로피우스[142]도 "그는 기독교의 적이긴 했지만, 피를 부르는 짓은 하지 않았다"라고 했다.

다시 정의의 문제로 돌아가보자. 율리아누스는 통치 초기에 선임자인 콘스탄티우스 황제[143]를 옹호하는 당파를 이룬 사람들에게 가혹한 행위를 가했던 것 외에는 그를 비난할 만한 것이 아무것도 없다. 그는 일반 병사와 똑같이 늘 검소한 생활을 했으며, 평화로울 때도 전쟁 때의 내핍에 대비해 훈련하는 자들처럼 식사를 했다. 경계심에 대해 말하자면, 그는 밤 시간을 셋 또는 넷으로 나누어 그중 가장 짧은 시간을 잠자는 데 할애하고, 나머지 시간에는 군대와 호위대의 상태를 점검하거나 공부를 했다. 그 밖에 특출한 자질들을 많이 갖고 있었으나, 특히 훌륭했던 것은 모든 학문 분야에 탁월했다는 점이다. 알렉산드로스 대왕은 잠이 그의 사색과 공부를 방해하는 것을 두려워하여 침대 옆에 그릇을 놓아두고 구리로 만든 공을 쥔 손을 그 위로 내밀고 있었다고 한다. 졸음이 덮쳐 손가락 힘이 약해지면 공이 그릇 속으로 떨어져 소리를 내게 하여 잠을 깬 것이다. 그러나 율리아누스 황제는 자기가 하고자 하는 일에 정신을 매우 집중하는 편이고, 절제력이 뛰어나 격정에 휘둘리는 일이 없었으므로 그런 기교를 부릴 필요가 없었다.

그는 군사적 능력에서도 모든 방면에 특출하여 위대한 장수로서 어느 것 하나 부족한 점이 없어 보였다. 그는 거의 한 평생을 프랑스 땅에서 우리와 함께 알레만니족144과 프랑크족145에 대항해 끊임없이 전쟁을 치렀다. 우리는 그보다 더 많이 위험에 맞서고, 그보다 더 자주 시련에 자신을 노출한 사람을 알지 못한다. 그의 죽음은 에파메이논다스146의 죽음과 비슷한 점이 있었다. 그는 자신의 몸에 박힌 화살을 뽑아내다가 날카로운 화살촉에 베어 손을 크게 다쳤다. 그는 그런 상태에서도 부하 병사들의 용기를 북돋기 위해 격렬한 전투가 벌어지는 전장으로 자신을 다시 데려다달라고 끊임없이 요구했다. 그의 병사들은 그가 없음에도 어둠이 내려 더 이상 전투가 불가능할 때까지 용감하게 싸웠다. 그가 자신의 생명과 인간 세상을 대수롭지 않게 여긴 이유는 그의 철학 때문이다. 그는 영혼의 불멸을 굳게 믿고 있었다.

율리아누스 황제는 종교 문제에서는 현명하게 처신하지 못했다. 그는 우리의 종교를 배척했기 때문에 배교자라는 별명을 얻었다. 그러나 내가 보기에 그는 한 번도 우리 종교에 진정으로 관심을 가져본 적이 없으며, 제국을 손에 넣을 때까지 법률을 따라야 했기 때문에 기독교를 믿는 척했던 것 같다. 그는 자신의 종교에 대해 미신적인 믿음을 가졌기 때문에 같은 종교를 믿는 사람들까지도 그를 조롱했다. 만일 그가 파르티아인147과의 싸움에서 승리했더라면 신들에게 제물을 바치기 위해 황소의 씨를 말렸을 것이라고들 한다. 그는 또한 점술에 홀딱 빠져서 온갖 예언에 권위를 부여했다.

그는 죽음을 앞두고 신들에게 감사를 표했다. 그는 신들이 오래전부터 자신에게 죽음을 맞이할 장소와 시간을 알려줌으로써 갑작스러운 죽음을 당하지 않게 해준 데 대해, 나약하고 나태한 사람들에게나 어울리는 무기력하고 비굴한 죽음을 맞이하지 않게 해준 데 대해, 고통 속에서 시들시들하다가 괴로운 죽음을 당하지 않게 해준 데 대해, 그리고 승승장구하며 영광의 정점에 있을 때 고귀하게 죽음을 맞이할 수 있는 인간으로 여겨준 것에 대해 신들에게 감사드린다고 말했다. 그는 브루투스148에 관한 것과 같은 예지몽을 꾸었는데, 처음에는 갈리아 지방에 있을 때였고, 다음에는 페르시아에서 그가 죽음에 임박했을 때였다.

율리아누스가 치명상을 입었다고 느꼈을 때 말했다고 전해지는 "나사렛 사람이여, 그대가 이겼다"라는 말이나 "이제 만족하라, 나사렛 사람이여"라는 말에 대해서는 만약 내가 언급한 두 증인149이 그것을 사실이라 여겼다면 자신들의 기록에서 빠뜨릴 리가 없다. 그 두 증인은 율리아누스의 군대에 함께 있었으며, 따라서 최후의 순간에 그가 했던 사소한 동작이나 말 하나도 놓치지 않았을 것이고, 사람들이 이와 결부시켜 전하는 다른 기적들 또한 마찬가지였을 것이다.

본론으로 다시 돌아가자. 마르켈리누스가 말한 바에 따르면, 율리아누스 황제는 오래전부터 기독교 이외의 종교를 마음에 품고 있었다. 하지만 자신의 병사들이 모두 기독교도였기 때문에 차마 그것을 말할 용기가 없었다. 그러다 마침내 자신의 생각을 드러내도 될 만큼 자신이 강력해졌을 때, 그는 신들의 사원을 열게 하고 온갖 수단을 이용해 우상 숭배의 풍조를 만들어내려고 했다. 그는 자신의 목적을 달성하기 위해 당시 콘스탄티노플[150]에서 기독교의 성직자들이 분열되고 그에 따라 일반 신자들까지 분열되는 것을 보고 성직자들을 궁정으로 불러 모았다. 그는 사람들 간의 불화를 가라앉혀달라고 간곡하게 부탁하고는, 사람은 누구나 아무런 방해도 받지 않고 어떤 두려움도 없이 자신의 종교를 섬길 수 있어야 한다고 역설했다. 그가 이렇게까지 한 이유는 이런 자유가 여러 파벌로의 분열을 더 가속화할 것이라 여기고, 이를 통해 화합하고 일치단결한 백성이 자신에게 대항하는 것을 막을 수 있으리라 생각했기 때문이다. 그는 평소에 일부 기독교도의 잔혹성을 보고, 이 세상에서 인간만큼 인간에게 무서운 동물은 없다고 여긴 것이다.

이것이 대략 역사가 우리에게 들려준 말이다. 여기서 우리가 고찰해야 할 것은 우리의 왕들이 백성의 불화와 분쟁을 없애기 위해 사용한 '신앙의 자유'라는 처방을, 율리아누스 황제는 백성의 불화와 분쟁을 부채질하기 위해 사용했다는 점이다. 한편에서 보면 각 당파가 각자 견해를 가질 수 있도록 고삐를 늦추어주는 것은 분열의 씨를 뿌리고 퍼뜨려 분열을 더 확대하는 일이라고 말할 수 있을 것이다. 여기에는 분열의 진행과 확대를 견제하고 억제하는 어떤 법적 방책이나 강제도 없기 때문이다. 그러나 다른 측면에서 보면, 각 당파가 쉽고 자유롭게 자기들의 견해를 가지게 함으로써 오히려 그들을 연약하게 만들고 약화시켰다고 할 수 있을 것이다. 흔하지 않고, 새롭고, 쉽지 않으면 무뎌지는 법이기 때문이다. 그렇지만 나는 우리 왕들의 신앙의 명예를 위해서 이렇게 생각하고 싶다. 우리의 왕들께서는 자신이 원하던 바를 행할 수 없었기 때문에, 할 수 있던 일을 원했던 일인 척 보이려 하셨던 것이다.

절름발이에 대하여

2년 전인가 3년 전에 프랑스에서는 1년을 열흘 단축했다.[151] 이 개혁 뒤에 얼마나 많은 변화가 잇따랐던가! 이것은 정말 하늘과 땅을 한꺼번에 뒤흔들어놓은 사건이었다. 그렇지만 바뀐 것은 아무것도 없었다. 내 이웃들은 파종과 수확 시기, 거래하기 좋은 시기, 길한 날과 불길한 날 등을 예전 방식대로 따르고 있다. 우리의 오랜 관습이 잘못됐다고 느끼지도 않고, 또 지금의 개혁이 어떤 변화를 가져올 거라 생각하지도 않는다. 세상에 확실한 것이라곤 없고, 우리의 인식 또한 조야하고 막연하며 근시안적인 것이다. 사람들의 말에 따르면, 이번 개정은 좀 더 불편하지 않은 방법으로 이루어질 수 있었다고 한다. 즉 아우구스투스가 했던 대로, 여러모로 성가시고 혼란스러운 윤일閏日을 몇 해 동안 지워서 차이를 없애는 것이다.(이번 개정은 이렇게 하지 못해, 우리의 달력은 아직 며칠이 밀려 있다.) 이번 기회에 미래를 준비한다는 의미에서, 윤년이 돌아오기를 몇 번 기다려 여분의 날짜를 없애면 그

뒤부터는 계산 오차가 24시간이 넘지 않을 것이었다.

우리는 햇수 말고는 세월을 세는 방법이 없다. 사람들은 아주 오래전부터 이 방법을 사용해왔다. 그럼에도 우리는 아직 분명하게 이 단위의 기준을 정하지 못했다. 그래서 우리는 다른 나라 사람들이 어떤 방식으로 해를 세는지, 그리고 참된 셈법이 무엇인지 늘 궁금해한다. 몇몇 사람이 말하는 것처럼 천체가 늙어가면서 우리 쪽으로 서서히 쪼그라들어 우리로 하여금 시각과 날짜를 헤아리는 것을 불확실하게 만드는 것일까? 플루타르코스의 말을 빌리자면, 한 해를 열둘로 나누는 단위인 달(月)과 관련해서도 당시에는 천문학이 아직 달이 어떻게 움직이는지를 밝혀내지 못했다고 했다. 어쨌거나 지금 우리는 지나간 일을 아주 편리하게 기록할 수 있다.

나는 종종 해왔던 방식대로, 인간의 이성이란 얼마나 제멋대로이고 흐리멍덩한 도구인지를 막연히 생각하고 있다. 내가 보건대 대체로 사람들은 누가 어떤 사실을 제시하면 그 일의 사정이나 상황보다 그것이 발생한 이유를 따져보는 것을 더 즐긴다. 그들은 전제前提보다 결과에 더 마음을 쏟는다. 사실은 제쳐두고 원인을 논하는 데만 열심이다. 원인만 따지려 드는 별난 자들! 원인에 관한 지식은 사물을 조정할 수 있는 이에게 속하는 것이지, 사물의 작용을 받아들이는 데 만족해야 하는 우리에게 속하는 것은 아니다. 우리는 사물의 기원과 본질을 파고들지 않고도 우리의 필요에 따라 사물을 충분히 잘 사용하고 있다. 포도주의 본질을 알고 있는 사람은 그 맛을 즐기기 어려운 법이다. 오히려 그 반대다. 영혼이건 육체건 세상의 용도에 따라 사용되어야 하는 것이다. 거기에 학문적 견해가 섞여 들어가면, 이 당위성은 훼손되고 변질되는 것이다. 사람들은 수단이나 방법에 대해서는 둔감하고 결과에 대해서는 민감하다. 사물을 규정하고 그것에 어떤 역할을 부여하는 것은 통치와 지배의 영역에 속하는 것이며, 사물을 수용하는 것은 습득과 복종의 영역에 속하는 것이다. 다시 우리의 관습으로 돌아와 논의를 계속하겠다.

사람들은 보통 이런 식으로 이야기를 시작한다. "왜 이렇게 되지?" 하지만 사실 이렇게 말해야 할 것이다. "이런 일이 있었단 말인가?" 우리의 이성은 수백 가지 다른 세계를 만들어내고 그 원리와 구조를 생각해낼 수 있다. 재료나 토대가 특별히 필요한 게 아니다. 이성을 달려가는 대로 내버려두어보라. '꽉 참' 위에든 '텅 빔' 위에든, 재료를 사용하든 안 하든 무엇이든 세울 수 있다.

연기煙氣에 무게를 줄 수도 있다.[152]

나는 "그럴 리 없다"라는 말을 우리가 자주, 널리 사용해야 한다고 생각한다. 나도 이 말을 기꺼이 사용하고 싶다. 그러나 감히 그러지 못한다. 그건 내 정신의 허약과 무지에서 비롯된 핑계라고 사람들이 내게 소리칠까 봐 그렇다. 그래서 대개 나는 내가 전혀 믿지 않는 일이나 시시한 이야기더라도 처세를 위해 떠들어대곤 한다. 아울러 나는 사실을 사실대로 이야기한 것을 딱 잘라 부정하는 것은 다소 거칠고 무례한 태도라고 생각한다. 특히 남을 설득하기 어려운 일에 부딪히면 사람들은 거의 언제나 자신이 그 일을 직접 봤다고 단언하거나, 반론을 멈추게 할 정도로 권위 있는 증인 몇 명을 내세운다. 어찌 보면 이런 관행을 인정하는 바람에 우리는 존재한 적 없는 수많은 사물의 기원이나 양태를 알게 된 것인지도 모른다. 세상 사람들은 찬성해도 반대해도 거짓일 뿐인 여러 문제에 대해 여전히 입씨름을 벌이고 있다.

가짜와 진짜는 이웃한 것이므로, 현자는 그와 같은 구렁텅이에 발을 들여놓아서는 안 된다.[153]

진실과 거짓은 같은 얼굴, 태도, 취향, 걸음걸이를 하고 있다. 우리는 그것을 같은 눈으로 바라본다. 나는 우리가 속지 않기 위한 노력을 하지 않을 뿐 아니라 자청해서 속임수에 발을 들여놓으려고 한다고 생각한다. 우리가 이런 무의미한 일에 빠져드는 이유는 우리가 원래 그런 존재이기 때문이다.

나는 지금껏 살아오면서 몇 가지 경이로운 이야기의 탄생을 목격했다. 대개 그것들은 태어나자마자 이내 삭아 없어졌지만, 설령 그것들이 제 수명을 채웠을 때 무엇이 될지 전혀 짐작하지 못하는 바도 아니다. 실마리를 찾기만 하면 얼마든지 엉킨 실타래를 풀어나갈 수 있기 때문이다. 無無에서 세상의 가장 작은 사물까지의 거리는 그로부터 가장 큰 사물까지의 거리보다 더 멀다. 그런데 기묘한 이야기의 발단을 만들어낸 최초의 사람들은 그 이야기를 퍼뜨리다가 사람들이 어떤 대목은 받아들이기 힘들다고 반박하면 그 부분을 다른 거짓 요소로 메워버린다.

인간은 선천적으로 소문을 더 키우려는 성향이 있다.154

그래서 우리는 사람들이 우리에게 빌려준 것에 대해서 이자나 덤을 붙여 되돌려주지 않으면 꺼림칙해하는 것이다. 개인의 잘못은 집단의 잘못을 만들어내고, 다음에는 거꾸로 집단의 잘못이 개인의 잘못을 만들어낸다. 그래서 이 모든 경이로운 이야기는 이 사람 저 사람 손을 거치면서 내용이 부풀려지고 표현이 강화되며, 나중에는 가장 멀리 떨어진 이가 가장 가까이서 목격한 이보다 더 잘 알게 되고, 맨 마지막에 들은 자가 맨 처음에 들은 자보다 더 확신을 갖는 것이다. 한편으로는 이것이 오히려 자연스러운 과정일 수도 있다. 왜냐하면 무엇인가를 믿는 자는 누구나 자기가 믿는 것을 다른 사람에게 설득하는 것이 자선을 베푸는 일이라 생각하기 때문이다. 그러기 위해서는 자기가 꾸며낸 이야기를 필요한 만큼 덧붙여 다른 사람의 반대 의견을 반박함으로써 그의 결함을 채워주어야 한다고 생각한다.

나는 거짓말을 유난히 싫어하고, 또한 내 말에 신용이나 권위를 부여하는 데 관심이 없다. 그럼에도 내가 잘 아는 화젯거리에 다른 사람이 이의를 제기하거나 나 스스로 이야기에 도취되어 열이 오르면, 나는 그만 흥분해서 어조를 바꾸거나 몸짓을 달리해 말에 활기와 힘을 불어넣으면서 이야기를 확대하고 과장해서 순수한 진실을 왜곡하기도 한다. 반면에 나는 누군가가 내 감정을 진정시키고 내게 가공되지 않은 적나라한 진실을 들려달라 요구하면, 과장하거나 강조하거나 내 의견을 덧붙이는 작업 없이 차분하게 있는 그대로를 알려준다. 나처럼 평소에 활기차고 소란스럽게 말하는 사람은 자칫하면 이야기를 과장하기 쉽다.

사람들은 일반적으로 자신의 의견을 관철시키려 할 때 평정심을 잃곤 한다. 보통의 수단으로 안 될 경우, 자신의 의견을 받아들이라고 강요하거나, 폭력을 행사하며, 불같이 화를 내기도 하고, 때로는 전쟁까지도 불사한다. 세상에는 현명한 자보다 어리석은 자가 더 많은 법인데, 많은 사람이 믿는다고 해서 그것이 진리를 판가름하는 최고의 시금석인 양 여기는 것은 불행한 일이다.

판단력의 결여만큼 널리 퍼져 있는 것도 없다.[155]

도대체 어떤 위정자가 어리석은 대중으로부터 지혜를 구한단 말인가?[156]

다수의 의견에 반해 자신의 판단을 유지하기는 쉽지 않은 일이다. 경이로운 이야기는 가장 먼저 순진한 대중을 사로잡는다. 이런 이야기는 그 자체로 믿을 만한 구석이 있는 것처럼 보이기 때문이다. 이렇게 생겨난 신념은 증거의 숫자가 늘어나고 오래된 증거들이 추가되면서 학식과 판단력을 갖춘 사람들에게까지 전파된다. 나는 백 명이 믿는 이야기라 해도 내가 받아들이지 못하는 내용이라면 그것을 믿지 않으며, 오래된 의견이라고 해서 그것을 곧이곧대로 받아들이지 않는다.

최근 우리 왕공王公 중 한 분[157]이 통풍에 걸려 그 좋던 체격과 쾌활한 기질을 잃은 적이 있었다. 그는 사람들에게서 말과 몸짓으로 무슨 병이든 고치는 경이로운 치료법을 가진 신부가 계시다는 이야기를 전해 듣고 이를 완전히 믿고는 먼 여행을 떠나 그 신부를 만나러 갔다. 신부는 그의 상상 속에서 나온 별의별 방법을 동원해 그의 발을 몇 시간 동안 마비시켰고, 오랫동안 말을 안 듣던 다리를 다시 쓸 수 있게 만들어주었다. 운이 좋아 이런 일이 대여섯 번 이어지면 '기적'이라고 불리던 일들이 현실적으로 가능한 일로 바뀐다. 하지만 통상 이런 일들은 그 방법과 기술이 단순하고 미숙한 것으로 드러나, 처벌할 거리조차 못 된다는 판정이 내려진다. 직접 현장에 가서 살펴보면 진위가 드러나는 일들이 대부분이다.

우리는 멀리서 사물을 바라보기 때문에 쉽게 그것들에 현혹된다.[158]

우리의 눈은 멀리서는 종종 기묘한 현상을 보지만, 가까이서 보면 그것은 사라져 없어진다.

소문이란 정확한 법이 없다.[159]

사람들 사이에 널리 알려진 강한 신념이라는 것도 실상은 허망한 발단과 시시한 원인에서 생겨나는 것을 보면 놀라울 따름이다. 그런 믿음이 도리어 문제점을 발견하는 것을 방해한다. 왜냐하면 사람들은 그런 대단한 평판에 어울리는 강력하고 중요한 원인을 찾느라 진짜 원인을 놓치기 때문이다. 진짜 원인은 너무 작아서 눈에 잘 띄지 않는다. 사실 이런 종류의 문제점을 찾아 조사하는 데는 신중하고 주의 깊고 능숙하며, 공정하고 선입관 없는 수사관이 요구된다. 지금까지 내가 언급한 경이로운 일이나 사건 같은 것이 내 눈앞에 나타난 적은 없다. 나는 이 세상에서 나 자신보다 더 이상하고 놀라운 것을 본 적이 없다. 온갖 기이한 것도 시간이 흐르고 습관이 들다 보면 익숙해진다. 그러나 나를 살펴보면 살펴볼수록 그리고 나에 대해 알면 알수록, 그 기형적인 모습에 놀라고 나 자신을 이해하기가 점점 어려워진다.

상식으로는 생각할 수 없는 기이한 일들이 사람들에게 알려지고, 퍼져 나가느냐 아니냐는 주로 우연에 달려 있다. 나는 엊그제 집에서 8킬로미터쯤 떨어져 있는 한 마을을 지나갔는데, 최근 사실무근으로 밝혀지기는 했지만 여전히 열기가 가시지 않은, 기적이 일어났다고 하는 곳에 가보았다. 그 일로 그곳 가까이 살던 사람들은 몇 달이나 시간을 허비했고, 온갖 부류의 사람들이 호들갑을 떨며 떼 지어 몰려오기도 했다고 한다.

그 사건의 전말은 대략 이러했다. 어느 날 밤, 그 마을의 한 젊은이가 자기 집에서 귀신 소리를 흉내 냈다. 장난삼아 한 것이지 다른 생각은 없었다. 그런데 그것이 기대 이상의 효과를 거두자 그는 판을 조금 더 크게 벌여보려고 마을에서 어리석고 모자라는 아가씨 한 명을 끌어들였다. 마지막에는 행실이 비슷한 또래까지 합류해 셋이 한 패가 되었다. 그들은 집에서 하던 대로 사람들 앞에서 설교를 해보기로 했다. 교회의 제단 밑에 숨어서 말하거나, 사람들에게 등불 같은 것을 가져오지 못하게 하면서 밤에만 말했다. 그들은 세상이 개심하고 옳은 길로 나서야 한다고 주장하고 최후의 심판을 외치며 사람들을 위협했는데, 사실 이런 주제라야 권위가 서고 사기술이 쉽게 감추어지는 것이다. 나중에는 애들 장난이라도 그처럼 조잡한 것은 어디에서도 찾아볼 수 없을 정도로 시시하고 우스꽝스러운 환각이나 동작을 동원해 꾸미기까지 했다.

그러나 운명이 그들에게 은혜를 베풀어주지 않았으니, 그런 헛짓거리가 얼마나 큰 일이 될지 알기나 했겠는가. 이 못난이들은 지금은 감옥에 있는데, 아마도 그들이 벌인 저속한 어리석음에 대한 대가를 치를 것이다. 나는 그들에게 벌을 내리지 않을 어리석은 재판관이 있는지 모르겠다. 결국 이 사건은 들통이 났기 때문에 전말이 모두 드러났다. 하지만 우리의 인식을 초월하는 이런 많은 일에 대해서 나는 그것을 받아들이거나 거부하는 판단을 보류하는 것이 좋다고 생각한다.

세상의 많은 오류는, 아니 더 과감하게 말하면 세상의 모든 오류는 우리가 자신의 무지를 드러내는 것을 두려워하게끔 배우고, 또한 우리 자신이 반론할 수 없는 것은 그대로 받아들여야 한다고 강요받았기 때문에 발생한 것이다.

우리는 세상의 온갖 것에 규칙을 부여하고 결론을 내리려 한다. 고대 로마에서는 증인이 직접 자기 눈으로 봤다고 진술하고 재판관이 가장 확실한 지식에 근거해 판결할지라도

"내가 보기에 그렇다"라는 어법을 쓰도록 했다. 나는 사람들이 '있을 법한 것'을 '확실한 것'으로 단정해서 말하는 것을 싫어한다. 나는 사람들이 무모한 의견을 밝힐 때 이를 부드럽게 전달하기 위해 사용하는 '아마, 이를테면, 어느 정도는, 사람들이 말하길, 내 생각에는' 등의 말을 좋아한다. 만약 내가 아이들을 가르친다면, 나는 그들이 사태를 분석하려는 말투보다 '그게 무슨 말씀이죠?, 이해하지 못했습니다만, 그럴 수도 있겠죠, 그게 정말인가요?'처럼 질문을 던지는 말투를 입버릇처럼 말하게 할 것이다. 그래서 그들을 지금 사람들이 하는 식으로 열 살에 박사인 체하는 인간으로 만들기보다는 예순 살이라도 학생 같은 태도를 간직하는 인간으로 만들고 싶다. 무지의 병에서 벗어나려면 무지를 고백해야 한다.

이리스160는 타우마스161의 딸이다. 경이驚異는 모든 철학의 기초이고, 탐구는 그 발전이며, 무지는 그 도달점이다. 명예나 용기에 있어 학식學識보다 나은 참으로 강하고 고결한 어떤 종류의 무지가 있다. 그러한 무지를 지니기 위해서는 학식을 갖는 것 못지않은 학식이 필요하다.

나는 젊은 시절에 두 남자가 서로 자기가 진짜라고 우기는 이상한 사건과 관련된 소송을 목격한 적이 있다. 그 소송은 툴루즈 고등법원 판사인 코라스에 의해 출간되었다.162 세세한 것은 기억나지 않지만 코라스가 그 둘 가운데 하나에게 유죄를 선고했는데, 그자의 행각이 우리는 물론 판사인 그 자신도 도저히 납득하지 못할 만큼 놀랍고도 해괴한 것이었다. 그래서 나로서는 교수형을 선고한 그 판결이 너무 무모한 게 아닐까 생각한 적이 있다. 아레오파고스[163]의 재판관들은 소송에서 판결을 내려야 할 처지가 되면 양쪽 당사자에게 100년 뒤에 다시 출두하라고 선고했다고 한다. 그렇다면 우리는 좀 더 솔직하게 탁 터놓고 "본 법정은 이 사건을 이해할 수 없다"라고 선고하는 방식을 취해보면 어떨까.

내 이웃의 마녀들은 그녀들이 본 환영이 실재한다고 말하는 사람이 나타날 때마다 목숨이 위태로워진다. 우리는 이런 일의 원인도 이를 해결할 방법도 모르기 때문에, 이런 일에 대해 신의 말씀이 보여주는 확실하고 부정할 수 없는 사례를 인용하여 현재 우리 주변에서 일어나는 사건과 결부시키기 위해서는 우리의 지성과는 다른 지성이 필요하다. "이 사람은 마법사다. 저 사람도 마법사다. 하지만 그 사람은 마법사가 아니다"라고 단언할 수 있는 것은 오직 전능하신 분의 말씀뿐일 것이다. 이런 일에 대해서는 신을 믿어야 한다. 이는 지극히 당연한 일이다. 하지만 자신이 이야기하는 것에, 타인에 대해 이야기하는 경우든 자기 자신에 대해 이야기하는 경우든 스스로 놀라거나 신기해하는 사람의 말을 믿어서는 안 된다.

나는 우둔한 인간이라서 실체가 있는 것, 사실임 직한 것에 마음이 가는 편이다. 그래서 옛사람들의 "인간은 자신이 이해할 수 없는 것을 더더욱 믿는다"(작자 미상)라든가 "인간의 정신은 모호한 것에 더 믿음을 주는 경향이 있다"[164]라는 비난을 피할 수 있다. 나는 내가 사람들의 화를 돋운다는 것을 잘 알고 있다. 내가 의심하려 하면 사람들은 내게 끔찍한 모욕을 퍼붓는다. 새롭게 등장한 설득 방법이다. 하지만 신의 가호인지, 나의 믿음은 주먹으로 위협해도 흔들리지 않는다. 너의 생각이 잘못된 것이라고 비난하는 자들에게 화를 내겠다면 그렇게 하라. 나는 그 의견이 믿기 어렵고 무모하다고만 말하겠다. 나 또한 모든 사람처럼 나와 반대되는 주장을 못마땅하게 여긴다. 다만 덜 단호할 뿐이다. 자신의 의견을 오기와 위세로 밀고 나가려는 자는 스스로 그 근거가 약하다는 것을 드러내 보이는 것이다. 철학의 문제를 놓고 말로 옳고 그름을 가리는 다툼에서 지지자들은 그 반대자들만큼이나 표면적으로 논거를 갖추고 있다.

사실임 직하다고 말하되 사실이라고 단정 짓지는 마라.[165]

그러나 현실에서 싸움의 결과는 반대자들에게 유리하다. 사람을 사형에 처하려면 명백하고 뚜렷한 증거가 있어야 한다. 우리의 생명은 이런 초자연적이고 괴이한 사건의 담보로 삼기에는 너무나 실재적이고 본질적이다. 약이나 독을 사용하는 것은 옹호할 거리가 못 된다. 그런 것은 살인이고, 가장 악질적인 행위다. 하지만 그 경우에도 사람들의 자백에만 의존해서는 안 된다. 뻔히 건강하게 살아 있는 자를 죽였다고 자백하는 경우가 종종 있기 때문이다.

그 밖의 기상천외한 규탄이나 고발에 대해서는 이렇게 말하고 싶다. '아무리 존경받는 사람이더라도 그의 말 중에 인간과 관계되는 말만 믿으면 그것으로 충분하다. 인간이 이해할 수 없는 초자연적인 일에 대해서는 초자연적인 권위를 가진 이가 진실이라고 인정해주실 때만 믿어야 한다'라고. 신께서 우리의 몇몇 증언에 베푸신 특별한 은혜가 경솔하게 전달되어서 비천해지면 안 될 것이다.

나는 다음과 같은 이야기를 귀에 못이 박히도록 들었다. "어느 날, 그가 동쪽에 있는 것을 세 사람이 보았는데." "또 다른 세 사람은 그가 다음 날 서쪽 어디에, 어느 시간에, 이런저런 복장으로 있는 걸 보았다던데." 나라면 이런 이야기는 결코 믿지 않을 것이다. 열두 시간 사이에 바람을 타고 동쪽에서 서쪽으로 갔다는 한 사람의 말을 믿기보다는 두 사람 다 거짓말을 했다고 여기는 것이 훨씬 더 자연스럽지 않은가? 요사스럽고 망령된 영혼의 도움을 받아 사람이 빗자루를 타고 난로 굴뚝에서 직접 날아갔다고 생각하는 것보다는, 망가진 우리의 정신이 동요를 일으키는 바람에 우리의 이성이 도를 지나쳤다고 생각하는 편이 훨씬 자연스러울 것이다. 외부에 있는 미지의 환영을 찾아다니는 일은 이제 그만두자.

그렇지 않아도 우리는 우리 내부에 있는 환영에 끊임없이 시달리고 있다. 나는 우리가 초자연적인 일들을 믿지 않아도 용서받을 것이라 생각한다. 그것에 대해 초자연적이지 않은 방식으로 설명할 수 있다면 말이다. 그런 점에서 나는 "증명하기 어렵고 믿는 것이 위험한 일에 대해서는 확신보다 회의 쪽으로 기우는 편이 좋다"라는 성 아우구스티누스의 생각에 동의한다.

몇 해 전 나는 어느 제후의 영지를 지나간 적이 있다. 그때 그분은 나를 위해, 그리고 매사에 의심을 품는 내 태도를 반박하기 위해, 어떤 은밀한 장소로 나를 데려가 주문과 마술을 써서 사람들에게 해악을 끼친 죄수 열 명인가 열두 명인가를 보여주었다. 그중에 한 노파는 추하고 흉한 모습이어서 정말 마녀라 할 정도였는데, 그 바닥에서는 꽤 유명하다고 했다. 나는 여러 증거와 그녀가 자유롭게 진술했다는 내용을 살펴보았다. 하지만 나는 이 초라한 노파가 마녀라고 할 만한 이유를 별로 찾지 못했다. 나는 그녀에 대해 이것저것 물어보았고, 가능한 범위 안에서 최대한 주의를 기울여 그녀와 대화를 나누었다. 알다시피 나는 결코 선입관에 사로잡혀 판단을 내리는 사람이 아니다. 요컨대 양심에 따라 나에게 판결을 내리라고 한다면, 나는 이들에게 독미나리[166]를 사약으로 내리지 않고 정신병 치료제인 헬레보레를 처방해줄 것이다. "그들의 사례는 범죄보다는 오히려 정신착란에 속하는 것으로 보인다."[167] 법정은 이런 질병에 대해서는 고유의 교정 수단을 가지고 있다.

사람들에게 존경을 받는 몇몇 분이 이 문제와 다른 문제로 나를 반박하고 논쟁을 벌였지만, 그중에 나를 설득할 만한 것이라곤 없었다. 그들의 결론은 그럴듯했지만 그들의 설명은 거기에 미치지 못했다. 경험이나 사실에 의거한 증거나 이유들이 복잡하게 뒤엉켜 있을 때, 나는 그 매듭을 풀려고 하지 않는다. 실마리가 보이지 않을 때면 나는 그 옛날 알렉산드로스 대왕이 고르디우스의 매듭[168]을 자른 것처럼 종종 그것들을 잘라본다. 어쨌든 자신의 추측만 가지고 한 인간을 화형에 처하는 것은 그의 생각을 너무 높이 평가하는 것이다.

이런 사례는 셀 수 없이 많다. 프레스탄티우스[169]는 그의 부친에 관한 일을 이렇게 이야기한다. 그의 부친은 평소보다 더 깊은 잠에 빠진 상태에서, 자신이 암말(雌馬)이 되어 병사들의 짐을 나르는 말 노릇을 하는 꿈을 꾸었다고 한다. 그가 상상 속에서 되고자 했던 것이 꿈속에서 실제로 이루어졌던 것이다. 혹여 마법사들의 꿈이 실제로 구현되거나 우리의 꿈이 구체화되어 현실로 표현된다 하더라도, 나는 그 일에 대해 우리의 의지가 법의 심판을 받아야 한다고 생각하지는 않는다.

이렇게 말하는 것은 내가 재판관이나 왕의 고문관이어서가 아니고, 스스로 그런 말을 할 자격이 있는 사람이라고 생각해서도 아니다. 나는 보통 사람으로서, 말하고 행동함에 있어 공공公共의 도리에 따르도록 태어났고, 그것을 위해 헌신하는 인간으로서 말하는 것이다. 만약 누군가가 나의 여러 몽상을 자기 마을의 가장 사소한 규정이나 여론이나 관습에 해를 끼치는 것으로 간주한다면, 그 사람은 자신에 대해서뿐만 아니라 나에 대해서도 폐를 끼치는 것이다. 왜냐하면 내가 한 말 중에서 내가 확실히 보장할 수 있는 것은, 그 순간 내가 그렇게 생각했고 그 생각이 뒤숭숭하고 아리송했다는 사실뿐이기 때문이다. 나는 한담閑談하듯이 모든 것에 대해 이야기하지, 어떤 것에 대해서도 의견을 내놓는 투로 말하지 않는다.

나는 모르는 것을 모른다고 하는 것을 수치라고 생각하지 않는다.170

만약 내가 무슨 말을 하든 사람들이 내 말을 믿어준다고 생각하면 이처럼 당돌하게 말하지는 않을 것이다. 그래서 나의 권고가 너무 신랄하고 공격적이라고 불평하는 어느 지체 높은 분에게 나는 이렇게 대답했다. "당신이 너무 한쪽 의견에만 귀 기울이는 듯해서, 다른 쪽 의견도 들어보시라고 최대한 공을 들여 제안하는 것입니다. 그것도 당신의 판단을 뚜렷하게 하려는 것이지 속박하려는 것은 아닙니다. 신이 당신의 마음을 손안에 쥐고 있으니 당신이 선택하는 것을 허락해주실 것입니다." 나는 나의 의견이 이렇게 중대한 일에 무슨 영향을 미치길 바랄 정도로 주제넘은 사람은 아니다. 나는 그렇게 강력하고 심대한 결론 쪽으로 내 의견을 밀어붙일 위인이 못 된다. 사실 나는 이랬다저랬다 변덕이 심하고 생각도 수시로 바뀌는 편이라, 만약 내게 아들이 있었다면 이런 모습에 실망했을 것이다. 만약 가장 진실에 가까운 의견이 인간에게 가장 쓸모 있는 것이 아니라면, 인간의 근본은 얼마나 미개한 것인가?

사실이든 아니든 상관없지만, 이탈리아 속담에 '절름발이 여자와 자보지 않은 자는 비너스의 감미로운 맛을 온전히 알지 못한다'는 말이 있다. 우연에 의한 것인지 혹은 특별한 사건 때문인지 모르겠지만, 오래전부터 사람들의 입에 오르내린 이 말은 절름발이 여자뿐만 아니라 절름발이 남자에 대해서도 사용되었다. 스키타이족171 남자가 아마존172의 여왕에게 사랑을 청하자 "그 짓을 가장 잘하는 자는 절름발이 남자"라고 대답했다는 이야기 때문이다. 여자만으로 구성된 이 나라에서는 남자의 지배를 피하기 위해 남자들을 어릴 적부터 팔과 다리, 그 밖의 여자들에 비해 남자가 유리한 부분들을 모두 불구로 만들어 현재 우리 지역에서 여자들을 부려 먹을 때와 같은 일에 남자들을 부려 먹었다고 한다.

나는 절름발이 여자의 불규칙한 동작이 그 일에 색다른 쾌락을 주고, 그런 여자를 경험해본 사람들에겐 어떤 감미로운 자극을 준다고 말하려 했다. 그런데 최근에 고대 철학에서도 이 문제를 다룬 것을 알았다. 고대 철학에서는 절름발이 여자는 넓적다리 아래로 충분한 영양분을 받지 못해 불완전한 상태이기 때문에, 그 위에 위치한 생식기 부분이 한층 충실하게 영양분을 받아 활력이 넘치는 것이라 한다. 또는 이런 장애는 원활한 몸의 운동을 방해하기 때문에 힘의 낭비가 적고, 따라서 이런 여자들은 힘이 온전히 비너스의 장난에 몰린다는 것이다. 그리스인들이 베 짜는 여자들은 일의 특성상 몸을 거의 움직이지 않고 늘 앉아서 일하기 때문에 다른 여자들보다 성욕이 많다고 빈정거리는 것도 이와 똑같은 이유에서다. 이런 식이라면 무슨 이유든 못 붙이겠는가. 이 베 짜는 여자들에 대해서는 이렇게 말해 볼 수도 있으리라. 베를 짜며 오랫동안 앉아 불규칙하게 몸이 흔들리기 때문에 성욕이 커지는 것이라면, 덜컹거리는 마차를 타는 우리의 레이디들도 마찬가지일 것이라고.

　이런 예들이 내가 처음에 이야기한 것[173]을 뒷받침해주는 예가 되지 않을까? 즉 우리의 추론은 종종 사실보다 앞서 나가는 일이 많으며, 관여하는 바가 무한정 넓어서 무無나 비존재에 대해서까지 판단을 내리려는 것이 아닐까? 우리의 상상력은 온갖 몽상에도 정당성이 있어 보이도록 갖가지 이치를 자유자재로 만들어낼 뿐만 아니라, 경박하고 변덕스러운 모습을 띠는 것들에게도 쉽게 영향을 받는 경향이 있다. 사실 나도 절름발이에 관한 속담이 대대로 전해 내려와 널리 통용된다는 이유 하나만으로 몸이 온전하지 않은 여자와 관계할 때 더 쾌감을 느꼈다고 여겼고, 그것을 그 여자의 매력 중 하나로 손꼽은 적이 있다.

타소[174]는 프랑스와 이탈리아를 비교하면서, 프랑스 귀족이 이탈리아 귀족보다 호리호리한 다리를 가진 것에 주목하여 그 이유를 프랑스인들이 늘 말을 타고 다니는 탓으로 돌렸다. 그러나 수에토니우스[175]는 게르마니쿠스[176]의 예를 들어, 말을 타는 훈련을 해서 다리가 굵어졌다는 정반대의 결론을 이끌어냈다. 우리의 이해력만큼 약하고 변덕스러운 것도 드물다. 그것은 어느 발에도 맞는 테라메네스[177]의 신발과 같은 것이다. 이해력 자체도 이중적이고 각양각색이지만 그것이 다루는 재료도 이중적이고 각양각색이다. 어떤 키니코스 학파[178] 철학자가 마케도니아의 왕 안티고노스[179]에게 "1드라크마[180] 좀 주십시오"라고 말하자, 안티고노스는 "그것은 왕이 줄 선물이 못 된다"라고 대답했다. "그럼 1탈렌트[181]를 주십시오"라고 철학자가 말하자 "그것은 키니코스 학파의 인간이 받을 선물이 아니다"라고 왕이 대답했다.

열기가 대지에 많은 통로를 내고 미세한 구멍을 열어서, 수액을 새싹에 이르게 하는 것인지, 아니면 열기가 대지를 굳히고 벌어진 혈관을 죄어서, 이슬비나 태양의 뜨거운 열기나 북풍의 에는 듯한 냉기로부터 해를 입지 않게 하는 것인지.[182]

모든 메달에는 뒷면이 있다.[183]

그와 같은 뜻에서 클레이토마코스[184]는 "카르네아데스[185]는 인간에게서 동의라는 것, 즉 사물이나 현상에 대한 의견과 경솔한 판단을 빼앗아갔으니, 그의 공적은 헤라클레스를 능가한다"라고 말했다. 내 생각에 카르네아데스의 이런 강력한 주장은 그 옛날 지식을 직업으로 했던 자들의 몰염치와 그들의 지나친 교만에 대한 반발에서 나온 것이다.

이솝[186]의 주인이 그를 다른 두 노예와 함께 팔려고 시장에 내놓았다. 구매자가 와서 첫 번째 노예에게 무슨 일을 할 줄 아느냐고 묻자, 그 노예는 자기 가치를 올리려고 이것도 할 줄 알고 저것도 할 줄 안다는 식으로 자기 재주를 산더미같이 떠벌렸다. 두 번째 노예도 자신의 능력에 대해 더하면 더했지 못하지 않게 대답을 늘어놓았다. 이솝의 차례가 되어 무엇을 할 줄 아느냐고 그에게 묻자, 이솝은 "아무것도 할 줄 모릅니다. 앞 사람들이 모두 차지해버려서요. 그들은 무슨 일이든 할 수 있을 겁니다"라고 대답했다.

철학의 학파들 사이에서 벌어진 일도 이러하였다. 일부 사람들이 자신만만히 인간의 정신으로 무엇이든 알 수 있다고 주장하자, 다른 사람들은 분노와 경쟁심에 사로잡혀 인간의 정신으로는 아무것도 알 수 없다는 의견을 내놓았다. 지식 편에 서 있건 무지 편에 서 있건 극단적인 것은 매한가지다. 그래서 인간이라는 것은 무슨 일에서건 절제할 줄 모르며, 더 이상 나아갈 수 없거나 그럴 수밖에 없는 상황에 처해서야 비로소 멈추는 그런 존재라는 말이 나오는 것이다.

타인을 이해한다는 것

몽테뉴를 상징하는 '크세주Que sais-je'라는 말은 '나는 무엇을 아는가'라는 뜻이다.[187] 그것은 일종의 방법으로서의 의심, 다시 말해 자유로운 검토를 위한 의심이다. 그 성과는 자유로운 정신이다. 몽테뉴의 회의주의는 허무주의가 아니라, 회의를 통해 어떤 확실성을 자유롭게 추구하려는 노력이다. 몽테뉴에게 그것은 자신을 아는 것이다.

세상 사람들의 환심을 사고 싶었다면, 나 자신을 좀 더 그럴듯하게 꾸몄을 것이다. 그러나 나는 본연의 나를, 자연스럽고 일상적인 나를, 의도적으로나 인위적으로 꾸미지 않은 나를 보여주고 싶다. 내가 그리는 대상이 바로 나 자신이기 때문이다.(《수상록》 서문―'독자에게')

이 글에서는 몽테뉴의 회의주의를 염두에 두면서 몽테뉴가 자신이 속한 사회의 관습과 도덕을 어떻게 인식하는지,

다른 사회와 다른 나라의 관습을 어떻게 수용하는지를 중점적으로 살펴보려고 한다.

관습이란 '어떤 사회에서 오랫동안 지켜 내려와 그 사회 성원들이 널리 인정하는 질서나 풍습'을 말한다. 어느 사회에나 관습은 존재한다. 인간 생활의 기본 요소인 의식주에는 물론이고, 어떤 문제에 대한 사유와 행동 방식에도 관습이 있다.

몽테뉴는《수상록》에서 전 세계의 다양한 관습을 끊임없이 늘어놓으며 매번 놀라고 감탄한다. 그는 제1권 23장 〈관습에 대하여, 그리고 물려받은 법칙을 쉽게 바꾸지 못하는 것에 대하여〉와 49장 〈옛 관습에 대하여〉에서 "여자는 선 채로, 남자는 앉은 채로 소변을 보는 나라. 아이들에게 젖을 열두 살까지 먹이는 나라. 아이가 태어난 첫날 젖을 먹이면 죽는다고 생각하는 나라. 몸 오른쪽에 난 털은 기르고 왼쪽에 난 털은 완전히 밀어버리는 나라. 일정한 나이가 되면 아버지를 죽여야 하는 나라. 막대기에 해면을 매달아 뒤를 닦는 나라. 앞머리는 길게 기르고 뒷머리는 짧게 자르는 나라"[188] 등 각국의 기이하고 다양한 풍습을 전한다.

이런 관습을 전승하는 과정에서 각 사회는 자신의 것이 표준이라고 생각한다. 가령 치아를 검게 물들이는 나라에 사는 사람들은 칠흑빛의 상아질이 가장 아름답다고 생각할 것이다. 하지만 각자가 수많은 관습을 접하다 보면 자신의 관습에서 잠시나마 벗어날 수 있다. 몽테뉴는 "이 거대한 세계는 우리 자신의 모습을 적절한 관점에서 인식하기 위해 우리 모습을 비추어보아야 할 거울"(제1권 25장)이라고 했다. 몽테뉴가 나열한 목록을 찬찬히 훑어보면, 우리는 우리의 존재를 다른 관점에서 관찰하게 되고, 그 속에서 우리의 관습도 다른 사람들의 관습만큼 이상하다는 사실을 깨닫게 된다.[189]

몽테뉴가 다른 생활 습관에 자신을 노출하고 다양한 사회의 문화적 관습을 구경한 결정적인 계기는 여행이었다. 몽테뉴는 1580년 3월 《수상록》 초판을 출판한 뒤, 그해 6월부터 장장 17개월 동안 프랑스 북동부, 독일, 스위스, 오스트리아, 이탈리아를 두루 거치는 여행에 나선다.

내게는 여행이 유익한 수양인 것 같다. 여행하는 동안 내 영혼은 미지의 것, 신기한 것을 보고 끊임없이 자극받는다. 이미 여러 번 말했듯이, 사람에게 다른 고장의 색다른 생활상과 관습 등을 계속 보게 해주고, 인간 본성의 무한한 다양성을 구경하게 해주는 것보다 인생을 단련하는 데 더 효과적인 교육은 없다고 생각한다.(제3권 9장)

여행은 다른 무엇보다도 세상의 다양한 모습을 알게 해준다. 여행을 하면 자연의 산물이 지닌 아름다움과 풍요로움을 더 잘 이해하고, 관습과 신앙의 상대성을 몸소 확인하며,

확신했던 것들에 대해 의심을 품게 된다. 요컨대 여행은 몽테뉴의 기본 신조인 회의주의를 우리에게 가르쳐준다.[190]

내가 여행을 즐거워한다는 것은 불안정하고 우유부단하다는 증거다. 그런데 바로 이것들이야말로 인간에게 중요하고 지배적인 특질이다. 그렇다. 솔직히 나는 꿈을 꿀 때나 소원을 빌 때조차 내가 의지할 곳을 찾지 못했다. 다양한 변화만이 나를 만족시킨다. 적어도 무언가가 나를 충족시킨다면, 그것으로 다양성을 누릴 수 있다는 점이다.(제3권 9장)

몽테뉴는 여행을 통해 새롭고 다른 것을 경험하기를 원했고, 그때마다 흡족해했다. 그러나 보통 우리의 일상적인 관습이나 생활양식과 어긋나는 것들은 우리를 만족시키기는커녕 당혹스럽게 한다. 우리는 낯선 것에 본능적으로 거부감을 느낀다. 몽테뉴는 자신의 동향 사람들이 자기 지역이나 나라를 벗어나자마자 이와 비슷한 반응을 보이는 것을 보고 이를 부끄럽게 여겼다.

그들은 어디를 가든 자신의 방식을 고수하며, 다른 방식을 혐오한다. 가령 헝가리에서 같은 나라 사람을 만나기라도 하면 그들은 이 우연한 만남에 축배를 들고 재빠르게 서로 어울려 한 덩어리가 되어 그들이 본 야만적 풍습을 비난한다. 프랑스

식이 아니기 때문에 당연히 야만이라는 식이다. 사람들은 대부분 되돌아오기 위해서 떠나는 것이리라. 그들은 여행을 하면서 입과 마음을 닫고 자칫 미지의 공기에 물들지 않도록 자신을 지키고 있다.(제3권 9장)

몽테뉴는 자신의 독자들에게 편견이나 오만한 우월감에 젖지 말 것을, 국수주의자가 되어 자신의 세계를 한정하지 말 것을 촉구한다. 슈테판 츠바이크는 몽테뉴가 "좁은 장소에 묶여 작디작은 근심에 빠지는"[191] 것을 경계했다고 말한다. 몽테뉴는 자기 안에 틀어박혀 자기만족에 취해 살기보다 세상의 손짓에 마음을 열고 타자와의 만남을 즐기라고 말한다. 그는 다음과 같은 소크라테스의 대답을 기꺼이 자신의 것으로 삼는다.

소크라테스는 어디 사람이냐는 질문을 받고 '아테네 사람'이라고 대답하지 않고 '세계인'이라고 대답했다.(제1권 26장)

몽테뉴가 "다른 사람의 머리를 빌려 자신의 머리를 갈고닦은"[192] 사례 중에서 가장 흥미로운 예는 이 책에 수록한 〈식인종에 대하여〉(제1권 30장)에서 찾아볼 수 있다. 이 글은 그가 1580년 《수상록》 초판 출간에 임박하여[193] 쓴 것인데, 그는 출간 이후 이탈리아 여행을 떠난다.

여행을 통해 "세계의 현란한 다양성을 한껏 끌어안고자 했던"[194] 그가 많은 나라를 돌아다니지 않았을 리는 만무하다. 하지만 엄밀히 말하자면 몽테뉴의 여행은 유럽 대륙 안에 국한되었고, 그가 여행지에서 만난 사람들도 본질적으로는 한 문화권 안에 있는 사람들이라 할 수 있다.

그러나 몽테뉴가 신대륙의 원주민과 자기 하인[195]에게서 들은 바다 저편 미지의 대륙은 완전히 다른 세계였다. 그곳의 삶과 사람들을 이해할 때, 지금까지 자신이 가졌던 논리, 규범, 언어는 더 이상 의미가 없었다. 새로운 인종, 종교, 문화를 접한 몽테뉴는 한마디로 완전히 자기와 다른 '타자'를 만난 것이다.

몽테뉴는 신대륙의 원주민들에 대해 남다른 관심을 보였다. 당시 유럽인은 그들을 '야만인barbares' 또는 '식인종cannibales'이라 부르며 그들에게 편견과 멸시감을 가지고 있었다.[196] 몽테뉴도 이들이 '야생' 상태에 있다는 점에 대해서는 동의한다.

자연이 저절로 자연스레 발전하면서 이룩한 성과를 '야생'이라고 부르는 것과 같은 의미에서의 야생이다.(제1권 30장)

이 논리에 따르면 '야생'은 부정적인 의미가 아니다. 자연 그대로의 순수한 것이라는 의미다. 그리고 몽테뉴는 유럽인들이 정복지의 원주민들을 '타락'시킨 것이라고 주장한다.

그러나 사실 우리가 야생이라고 불러야 할 대상은 오히려 우리가 우리의 기교로 사물의 보편적인 질서로부터 바꾸어놓은 것들이다. 전자에는 진실하고 유익하며 자연스러운 미덕과 특성이 생생하고 강력하게 살아 있다. 우리는 그런 것들을 후자 속에서 타락시켜 우리의 부패한 취향에 맞도록 순응시키고 있는 것이다.(제1권 30장)

몽테뉴는 신대륙의 원주민들에게 붙여진 '야만'이라는 호칭을 서구 문명사회로 돌려보낸다. 그러면서 "우리는 자연의 산물이 지닌 아름다움과 풍요로움에 너무나 많은 작위를 가해, 그것을 완전히 질식시켜버렸다"라고 개탄한다. 그리고 다음과 같은 플라톤의 말을 덧붙인다.

세상 만물을 만드는 것은 자연, 우연, 기술 가운데 하나다. 가장 위대하고 아름다운 것은 자연이나 우연이 만들고, 가장 못나고 불완전한 것은 인간의 기술이 만든다.(제1권 30장)

식인 풍습을 언급하는 대목에서도 몽테뉴는 당시의 통념과 어긋나는 해석을 내린다.

이것은 사람들이 생각하듯 옛날 스키타이족이 하던 것처럼 영양을 취하기 위한 것이 아니라, 극단적인 복수를 보여주기 위함일 것이다. [···] 나는 사람들이 이러한 행동이 흉측하고 야만적인 행위라고 비난하는 데 분개하는 것이 아니다. 오히려 우리가 그들의 잘못은 곧잘 비판하면서도 우리 자신의 야만 행위는 똑바로 보지 못하는 것이 서글플 뿐이다.(제1권 30장)

몽테뉴는 원주민들의 식인 풍습보다 "포로를 잡으면 허리까지 땅속에 묻고, 바깥으로 나온 몸통에 많은 화살을 쏜 다음 목을 매달아" 죽이는 유럽인들의 행위가 더 잔혹하다고 말한다. 유럽인들이 내세우는 이성의 법칙에 따라 그들을 야만인이라 부를 수 있더라도, 유럽인들이 신대륙에서 자행한 만행이나 종교전쟁에서 보인 비인간적인 참상을 고려하면 그들보다 더 야만적이므로 자신들의 기준으로 그들을 야만인이라 부를 수 없다는 것이다. 그래서 몽테뉴는 다시 묻는다. 누가 더 야만인가. 우리가 야만이라 부르는 그들인가, 문명인이라 자처하는 우리인가.

몽테뉴는 신대륙의 원주민들이 유럽과 교류하면 곧 멸망할 것이라고 예상했다.[197] 불행하게도 그의 예상은 현실이 되고 말았다. 물론 그 전부터 멕시코와 페루에서는 살육과 착취가 저질러지고 있었다. 하지만 당시 유럽인 대부분은 몽테뉴와는 반대로 유럽이 미개인들을 문명화한다고 생각했다. 그래서 그들은 이 미개인들을 정복의 대상으로 여겼고, 순종을 거부하면 제거했다. 십자가를 앞세운 제국의 침략자들은 양심의 가책도 없이, "야만을 몰아내는 문명의 사도"198인 양 새로운 대륙을 유린하고 약탈했다.

구대륙 문명인들이 보여준 무자비한 만행과 추악하고 잔인한 행태에 몽테뉴는 불같이 화를 냈다.

나는 우리의 병폐가 그들에게 옮아 신대륙의 쇠퇴와 몰락이 크게 앞당겨진 것은 아닌지, 우리의 생각이나 기술을 그들에게 너무 비싸게 팔아먹은 것은 아닌지 몹시 우려스럽다. 그곳은 아직 어린 세계였다. […] 우리는 그들의 무지함과 미숙함을 이용해, 우리 방식을 따라 그들을 배신과 음탕과 물욕, 그리고 그 밖의 온갖 몰인정과 잔인에 손쉽게 굴복하게 만들었다. 교역에서 상대에게 이토록 값비싼 대가를 치르게 한 자들이 일찍이 또 있었던가. 진주와 후추 거래를 위해 수많은 도시를 파괴하고 수많은 민족을 몰살해 세상에서 가장 풍요롭고 아름다웠던 땅을 쑥대밭으로 만들어놓은 것이다. 얼마나 고약한 승리인가. 일찍이 어떤 야심도, 어떤 국가 간의 적의敵意도 같은 인간을 이토록 끔찍한 혐오와 비참한 재난으로 몰아넣은 적은 없었다. (제3권 6장)

당시 이토록 준엄하게 신대륙 정복자들을 비판하고 고발한 사람은 "유럽 전역에서 몽테뉴 한 사람뿐이었다."[199] 몽테뉴가 강조하고자 한 것은 단 한 가지다. 바로 인간과 세계의 다양성을 인정하자는 것이다. 인간 개개인에게는 각자 고유한 신념과 삶의 방식이 있다. 마찬가지로 세계의 모든 종족과 민족도 각기 고유한 풍습과 문화를 가지고 있다. 다름은 틀림이 아니고 '차이'일 뿐이다. 차이와 다양성을 인정하지 않는 한 타자와의 대화와 교류는 불가능하다. 몽테뉴는 우리가 이 지극히 평범한 사실을 받아들인다면 "우리 모두는 하나로 연결되며 단절되었던 관계는 회복되고 증오와 대결은 우애와 화해로 대치될 것"[200]이라고 말한다.

몽테뉴는《수상록》의 〈아이들의 교육에 관하여〉라는 장에서 다음과 같이 말한다.

저는 남의 말을 하지 않지만, 혹시 하게 된다면 그것은 저에 관한 것일 겁니다.(제1권 26장)

그는 이 말을 통해 타인이 자신을 돌아보게 하는 거울임을 상기시키며, 타인 덕분에 우리는 자신에 대해 알게 되고, 나아가 타인도 더 잘 알게 되는 것임을 강조한다.[201]

식인종 혹은 야만인이라는 존재는 그에게 "마치 거울처럼 유럽의 정치, 사회, 경제의 모든 문제를 들여다볼 수 있게"[202]

해주었다. 몽테뉴는 이들과의 만남에서 '당신은 누구인가'라는 질문과 '나는 누구인가'라는 질문을 끊임없이 던진다. 이런 질문과 반성을 통해 그는 자신을 자유롭게 검토하고, 인간과 관련된 거의 모든 것[203]에 대해 사유하고 그 결과를 기록한다. 몽테뉴의 신대륙 담론, 그리고 인간의 관습과 판단력에 대한 담론은 우리가 타인의 '다름'을 어떻게 받아들여야 하는지, 타인을 더 잘 헤아리기 위해 무엇을 해야 하는지를 깨우쳐준다.

몽테뉴의 《수상록》 판본에 대하여

몽테뉴의 《수상록》은 여러 판본이 있다. 처음 출간된 것은 1580년에 보르도의 현지 출판업자인 시몽 밀랑주Simon Millanges가 간행한 것으로, 총 2권으로 구성되었다. 두 번째 판본은 1588년 파리의 서적상 아벨 랑줄리에Abel L'Angelier가 운영하던 인쇄소에서 총 3권으로 출간되었는데, 초판에 제3권이 덧붙여지고 제1권과 제2권에 641개의 추가 구문과 543개의 인용문이 새로 추가되었다. 세 번째는 몽테뉴가 1588년의 텍스트를 세심하게 깁고 더한 일명 '보르도본 Exemplaire de Bordeaux'이다. 이 판본은 몽테뉴가 세상을 떠날 때 자신의 책상에 제본되지 않은 상태로 남긴 개인 소장본으로, 1789년 프랑스대혁명 이후 보르도 시립도서관에 소장되어 있었다. 1906년 포르튀나 스트롭스키, 프랑수아 제블랭, 피에르 빌레가 이 '보르도본'에 근거하여 비평 판본을 출간하는데, 이 비평 판본은 이후 20세기에 출간된 여러 판본의 저본이 되었다. 끝으로 몽테뉴의 '수양딸' 마리 드 구르네 Marie de Gournay가 보르도본의 사본과 기타 '사본l'exemplar'이라고 불리는 자료를 수정하고 재검토하여 다시 제작한 1595년 판본이 있다. 몽테뉴 사후에 출간된 이 판본은 18세기 말까지 오랫동안 결정본으로 간주되었다.

이 선집의 번역 대본으로 삼은 플레야드 판본Bibliothèque de la Pléiade(2007년 신판)은 1595년에 출간된 사후 판본의 상태를 온전히 재현하려고 시도한 것이다. 이 판본은 《수상록》의 형성 과정, 출처, 언어 및 의미를 밝히고, 제반 연구에 대한 거의 모든 학술 정보를 포함하고 있다는 점에서 현대 비평 판본의 결정본이라 할 수 있다.

1   Desiderius Erasmus, *Les colloques* (Latin title *Colloquia familiaria*), Tome 2 / nouvellement trad. par Victor Develay, Librairie des bibliophiles, 1875~1876, 252~253쪽.《대화집》에서 가져온 인용문은《위대한 교양인 몽테뉴》(홋타 요시에 지음, 한길사, 1999) 38쪽을 참고했다.

2   솔 프램튼,《내가 고양이를 데리고 노는 것일까, 고양이가 나를 데리고 노는 것일까》, 책읽는수요일, 2012, 173쪽.

3   몽테뉴는 1562년 루앙 공성전이 끝날 무렵 브라질 원주민 세 명을 만났다.(루앙은 브라질 목재 수입을 독점했던 프랑스 서북부의 항구도시다.) 프랑스 식민지인 남극 프랑스령에서 온 그들(정확히 말하면 투피남바족)은 당시 신대륙 원주민들에게 호기심을 보이던 열두 살짜리 왕 샤를 9세를 알현했고, 이때 몽테뉴는 그들과 대화를 나누었다.

4   몽테뉴는 공식적으로 1570년 7월 23일에 보르도 고등법관직을 가까운 친구인 플로리몽 드 레몽Florimond de Raemond에게 양도한다. 그리고 그해 말이나 이듬해 초쯤 아버지에게서 물려받은 몽테뉴 영지의 성으로 돌아온다. 몽테뉴의 아버지 피에르 에켐 드 몽테뉴Pierre Eyquem de Montaigne가 건립한 성에는 커다랗고 둥근 16세기 양식의 탑이 있었다. 그 탑의 4층에 몽테뉴의 서재가 있었다. 몽테뉴는 이

구석진 탑에서 대부분의 시간을 보내며 독서와 명상, 집필을 했다고 전해진다.

5 프란치스코 수도회 사제인 앙드레 테베André Thevet(1516~1590)는 1558년에 발간한《남극 프랑스령의 독특성Les Singularitez de la France antarctique》에서 기독교인 관점으로 브라질 사람들의 생활과 우상숭배를 묘사하고, 그들을 미개하고 반인류적인 사람들로 보았다. 프랑스의 신교도였던 장 드 레리Jean de Léry(1536~1613)도 1578년에 출판한《브라질 여행기Histoire d'un voyage fait en la terre du Brésil》에서 브라질 사람들을 "신에게 버림받아 구원을 받을 여지도 없는" 사람들이라 말하면서도 그들의 인간애와 "평화, 조화, 자비의 마음이 기독교인들을 부끄럽게 한다"라고 주장했다.

6 몽테뉴의 신대륙 담론에 대해서는《몽테뉴의 숲에서 거닐다》(박홍규 지음, 청어람미디어, 2004)와《우정 자유 복종 그리고 카니발리즘》(서종석 지음, 한국외국어대학교 지식출판원, 2016)을 참고했다.

7 "고금을 통틀어 가장 현명한 사람인 소크라테스는 '너는 무엇을 알고 있느냐'는 질문을 받고, '나는 아무것도 모른다는 것을 알고 있다'라고 대답했다."(제2권 12장)

8 서경식,《내 서재 속 고전─나를 견디게 해준 책들》, 나무연필, 2015, 110쪽.

9 서종석,《우정 자유 복종 그리고 카니발리즘》, 한국외국어대학교 지식출판원, 2016, 148쪽.

10 Stefan Zweig, Montaigne, Le Livre de Poche, 2019, p. 43〔《위로하는 정신─체념과 물러섬의 대가 몽테뉴》, 유유, 2012〕.

11 피로스Pyrros(기원전 319~기원전 272)는 고대 그리스 에페이로스의 왕이다. 전투 능력에서만큼은 알렉산드로스 대왕 이래 최고의 강자로 손꼽혔고, 초기 로마의 강력한 적수였으나 너무 잦은 전투로 유

능한 장졸들을 잃은 끝에 패망했다. 이때부터 많은 대가를 치러 실속이 없는 승리를 '피로스의 승리'라 부르게 되었다.

12 야만인barbare이라는 말은 그리스어 'Barbaroe(바르바로이)'에서 유래했다. 고대 그리스인이 이민족, 특히 동방 민족을 낮잡아 이를 때 사용한 말이다. '알아들을 수 없는 말을 거침없이barbar 중얼대는 인간'이라는 뜻에서 유래한 것으로 보인다.

13 플라미니누스Titus Quinctius Flamininus(기원전 229?~기원전 174)는 로마의 장군이자 집정관이다. 제2차 마케도니아 전쟁에서 활약했으며, 키노스케팔라이 전투에서 필리포스 5세를 무찌르고 그리스의 자유를 선언하여 그리스인으로부터 해방자라는 칭송을 들었다.

14 마케도니아의 왕 필리포스 5세Philippos V(기원전 238~기원전 179)를 말한다. 기원전 197년 키노스케팔라이 전투에서 플라미니누스가 이끄는 그리스 도시국가와 로마의 연합군에게 크게 패하였다. 이후 로마는 그리스 문제에 더욱 개입했고, 동부 지중해 전 지역을 점령하는 발판을 마련했다.

15 로마 공화정의 장군이자 정치가인 푸블리우스 술피키우스 갈바Publius Sulpicius Galba(기원전 3세기 말~기원전 2세기 초)를 말한다. 제2차 포에니 전쟁과 제1차·제2차 마케도니아 전쟁에 참전했다.

16 빌가뇽Nicolas Durand de Villegagnon(1510~1571)은 프랑스의 항해자로, 1555년에 600명을 이끌고 남아메리카 동해안에 식민지를 건설하기 위해 항해를 떠났다. 그는 브라질의 구아나바라만(리우데자네이루만)에 도착하여 콜리니성과 앙리빌이라는 마을을 세우고, 그곳을 '남극 프랑스령'이라 명명한 뒤 직접 총독으로 취임했다. 그러나 칼뱅이 스위스에서 보낸 사람들과 종교 분쟁이 생기고, 포르투갈인들이 침략하자 1559년 말 그 땅을 포기하고 1560년 2월에 귀국했다.(박홍규,《몽테뉴의 숲에서 거닐다》, 청어람미디어, 2004, 209쪽

참조)

17 솔론Solon(기원전 640?~기원전 560?)은 고대 그리스 아테네의 정치가, 입법자, 시인이다. 그리스의 일곱 현인賢人 가운데 한 사람으로, 빈부의 차를 없애기 위한 경제 개혁을 행하고, 참정권과 병역 의무를 규정하여 아테네 민주정의 기초를 세웠다.

18 사이스Sais는 나일강 삼각주에 위치한 고대 이집트 도시 자우Zau의 그리스어 표기다.

19 아틀란티스 대륙의 전설은 플라톤의 대화편 〈크리티아스Critias〉와 〈티마에우스Timaeus〉에 언급되어 있다.

20 갈리아Gallia는 고대 유럽의 켈트인이 기원전 6세기부터 살던 지역이다. 현재의 프랑스, 벨기에 전 지역과 이탈리아 북부, 네덜란드 남부, 독일의 라인강 유역, 스위스의 대부분을 포함한다. 기원전 1세기 무렵 로마의 카이사르에게 정복되어 로마령이 되었고, 이후 프랑크족, 게르만족에게 점령당했다.

21 "사람들이 말하기를, 이 두 나라는 원래 하나의 나라였으나, (긴 세월은 큰 변화를 초래할 수 있는 법이오) 엄청난 변화가 일어나 오래전에 서로 떨어졌다 하오."(베르길리우스, 《아이네이스Aeneis》 III, 414, 416, 417) 베르길리우스Publius Vergilius Maro(기원전 70~기원전 19)는 고대 로마의 시인이다. 로마의 건국과 사명을 노래한 민족 서사시 《아이네이스》, 전통적 농촌 생활의 복구를 권고한 《농경시 Georgica》 등을 썼다.

22 보이오티아Boeotia는 코린토스만 동북쪽에 있는 고대 그리스의 지방이다. 남동쪽으로는 아티카(아티키), 남쪽으로는 코린트만, 서쪽으로 포키스, 동쪽으로 에우보이아만, 북쪽으로는 프티오티스주에 접한다. 고전 시대의 그리스에서 보이오티아는 방위 동맹을 결성해 아테네와 스파르타의 경쟁에서 중요한 역할을 했다.

23 "오랫동안 배 없이는 다닐 수 없던 불모의 늪이 인근 도시를 부양하고 쟁기의 무게를 느끼게 되든, 곡식을 위협하던 강물이 진로를 바꾸어 순탄한 길로 흘러가게 되든, 인간이 해놓은 일은 언젠가는 퇴락하게 마련이거늘 어찌 언어만이 유독 변함없는 효력과 영광을 누려야 한단 말입니까?"(호라티우스, 《시학Ars Poetica》, 65~66.) 호라티우스Quintus Horatius Flaccus(기원전 65~기원전 8)는 고대 로마 공화정 말기의 시인이다.

24 원문에는 '1200리외lieue'라고 쓰여 있다. 리외는 과거에 쓰인 거리 단위로, 약 4킬로미터에 해당한다.

25 도르도뉴강Dordogne-은 프랑스 중남부를 서쪽으로 흘러 가론강 Garonne-과 합치는 길이 약 471킬로미터인 강이다. 급류나 침식에 의한 사행蛇行이 많을 때 종종 홍수가 발생하기도 한다.

26 메도크Médoc는 보르도 북쪽, 지롱드강 후미의 왼쪽에 있는 유명한 와인 생산지다. 완만한 평야 지대로서 수백 년 동안 최고급의 보르도산 적포도주를 생산해온 포도밭이 있다.

27 몽테뉴 가문의 이남二男인 토마 드 몽테뉴Thomas Eyquem de Montaigne (1537~1597)를 말한다.

28 《전대미문의 불가사의들Des Merveilles Inouïes》은 아리스토텔레스의 저작이 아니다. 몽테뉴는 고마라Francisco López de Gómara(1511~1566) 의 《인도 통사Historia General de las Indias》와 벤조니Girolamo Benzoni (1519~1572?)의 《신대륙의 역사Historia del Mondo Nuovo》에서 얻은 정보를 바탕으로 하고 있다.

29 세계의 형상에 대해 연구하던 당시의 지구 과학자들을 말한다.

30 프로페르티우스, 《엘레게이아 시집Elegiae》 I, 2, 10. 프로페르티우스 Sextus Propertius(기원전 50?~기원전 15)는 고대 로마의 시인으로 후대의 괴테나 바이런 등에 큰 영향을 주었다. 킨티아라는 여성에 대

한 사랑을 읊은 연애시를 주로 썼으며, 유일한 작품집으로 4권의
《엘레게이아 시집》이 있다.

31 플라톤, 《법률Nomoi》, 889a~d.

32 리쿠르고스Lycourgos(?~?)는 고대 스파르타의 전설적인 입법자로,
스파르타의 국가 제도와 생활 규범을 정했다고 전해진다. 기원전 7세
기의 인물로 추정되나 실존 인물이 아니라는 설도 있다.

33 플라톤을 향한 이 말은 셰익스피어의 친구인 존 플로리오의 번역
을 거쳐 셰익스피어의 〈템페스트〉 제2막 제1장 곤잘로의 대사에 도
입되었다. "그 나라에서는 만사를 보통과는 반대로 처리할 것입니
다. 어떤 상거래도 인정하지 않을 것이고, 관리 따위도 없을 것이며,
학문도 금지하고, 빈부도 없을 것이고, 고용살이도 없을 것입니다.
/ 계약·상속·경계·소유지·경작지·포도밭 같은 것도 없을 것입니다.
금속·곡물·주류·기름 등의 사용도 없을 것이며, 직업도 없어서 남자
들은 무위도식할 것이고, 여자들 또한 순진 나만할 것이며, 군주권
도 없을 것이고… / 만인이 필요한 물건은 죄다 자연이 만들어줄 테
니, 땀을 흘릴 필요도 없고 노력할 필요도 없습니다. / 반역도 살인도
없고, 칼이나 창이나 단검, 총, 그 밖의 어떤 전쟁 무기도 필요 없습니
다. / 그냥 내버려두어도 자연이 풍성한 오곡을 생산하여 순박한 백
성을 먹여줄 것입니다."(훗타 요시에, 《위대한 교양인 몽테뉴》1, 한
길사, 1999, 289~290쪽 참조)

34 베르길리우스, 《농경시》II, 20.

35 《수이다스Suidas》는 고대 지중해 세계를 다룬 10세기의 비잔틴 백과
사전이다. 예전에는 편찬자의 이름으로 오해하기도 했다. 수다Suda
또는 소우다Souda라고도 한다.

36 고수coriandre는 미나릿과의 한해살이 식물이다. 지중해 동부 연안이
원산지이며, 로마에 의해 유럽에 소개되어 향신료로 널리 쓰였다.

37 몽테뉴가 1562년에 신대륙에서 온 세 사람과 루앙에서 만났을 때
    나눈 대화는《수상록》제1권 30장에는 그리 구체적으로 기록되어
    있지 않다. 하지만 "나는 그들 가운데 한 사람과 매우 오랫동안 이
    야기를 해보았다"라고 말한 것으로 미루어보면, 몽테뉴는 이때 나
    눈 대화에서 유럽인들이 신대륙에서 저지른 약탈, 살육과 착취에 대
    해 많은 자료를 얻은 것으로 보인다. 여기에 고마라Francisco López de
    Gómara의《인도 통사》와《코르테스 전기Vida de Hernán Cortés》, 라스
    카사스 신부Bartolomé de las Casas의《인도 파괴에 관한 간략한 기술
    Brevísima relación de la destrucción de las Indias》의 프랑스어 번역판을 읽
    었고, 특히 장 드 레리Jean de Léry가 1578년에 출판한《브라질 여행
    기Histoire d'un voyage fait en la terre du Brésil》를 탐독했다고 한다. 아울
    러 몽테뉴는 프랑스 안에서 벌어진 전쟁에서 신대륙에서 벌어진 것에
    못지않게 끔찍한 장면을 목격한다. 종교전쟁이 벌어지던 1572년 말
    종종 '작은 라로셸La Rochelle'로 일컬어지던 개신교도의 거점도시 상
    세르Sancerre에 머무르다가, 그 도시가 로마 가톨릭 군대에 포위되는
    바람에 어려운 처지에 놓이자 주민이 살아남기 위해서 인육을 먹는
    광경을 목격한 것이다.

38 크리시포스Chrysippos(기원전 279?~기원전 206?)는 솔로이 출신의
    그리스 철학자로, 스토아철학을 체계화한 주요 인물이다. 키티온의
    제논과 함께 아테네에 스토아(그리스어로 '주랑柱廊'이라는 뜻) 학
    원을 세운 것으로 추측된다. 그가 쓴 750여 편의 글로 미루어볼 때,
    그는 지성을 훈련하기 위해 명제 논리를 최초로 구성한 사람이다.

39 고대 그리스 철학자인 키티온의 제논Zenon(기원전 334?~기원전 262)
    을 말한다. 스토아학파의 창시자로 알려져 있다.

40 알레시아Alésia는 프랑스 중부 디종과 가까운 곳에 있던 고대 도시
    다. 기원전 52년 9월에 벌어진 알레시아 전투는 카이사르가 이끄는

로마 군대와 베르킨게토릭스를 중심으로 하는 갈리아 부족 연합군 사이에 벌어진 전투로, 이로써 7년여에 걸친 카이사르의 갈리아 원정이 마무리되었다. 이 전투를 끝으로 카이사르는 갈리아 전체를 로마에 복속시키는 데 성공한다.

41 유베날리스, 《풍자 시집Saturae》 XV, 93. 유베날리스Decimus Junius Juvenalis(1세기~2세기)는 고대 로마의 시인이다. 당시의 부패한 사회상에 대한 통렬하고 유쾌한 풍자시로 유명하다. 당대 라틴 문학과 후대의 풍자 작가들에게 큰 영향을 끼쳤다.

42 클라우디아누스, 〈황제 호노리우스에 대하여Panegyricus de Sexto Consulatu Honorii Augusti〉 v. 248. 클라우디아누스Claudius Claudianus (370?~404?)는 로마의 시인이다. 황제 호노리우스의 궁정 시인이었으며, 연대 결정에 귀중한 자료가 되는 시를 남겼다. 고전적 전통을 계승한 최후의 중요한 시인이다.

43 "신은 선한 자에게 아버지의 마음가짐을 갖고, 선한 자를 엄한 아버지처럼 사랑하지요. 그분은 말하오. '그는 노고와 고통과 피해에 시달림으로써 진정한 힘을 얻어야 할 것이야.' 잘 사육된 것들은 무위도식으로 무기력해지며, 노력이 아니라 운동과 제 몸무게 때문에 탈진하지요. 얻어맞아보지 않은 행복은 한 방에 나가떨어지지요. 그러나 끊임없이 불운과 싸우는 자는 잇단 가격에 굳은살이 박여 어떤 고난에도 물러서지 않으며, 땅바닥에 쓰러져도 무릎으로 서서 계속 싸우지요."(세네카, 《인생이 왜 짧은가》, 숲, 2005, 136~137쪽 참조.)

44 살라미스Salamis·플라타이아이Plataeae·미칼레Mykale 전투는 페르시아 전쟁에서 그리스 연합군이 승리하는 결정적인 계기가 된 전투들이며, 시칠리아Sicilia 전투는 펠로폰네소스 전쟁에서 시라쿠사의 주민이 아테네 침략군을 막아낸 전투를 말한다.

45 기원전 480년 7월 제3차 페르시아 전쟁 때 테살리아 지방의 해안에

위치한 좁은 골짜기 지역인 테르모필라이에서 일어난 페르시아군
과 스파르타군의 전투를 말한다. 이곳에서 스파르타의 왕 레오니다
스Leonidas(?~기원전 480)는 약 300명의 정예군을 이끌고 페르시아
군의 진격을 저지하며 용맹히 맞서 싸우다가 전멸하고 만다. 이들의
항전은 조국을 위해 목숨을 바친 용맹함을 나타내는 전설로 전승되
어, 서유럽 역사를 통틀어 으뜸가는 영웅적 용감성의 전형으로서 칭
송되어왔다.

46 이스콜라오스Ischolaos(?~?)는 스파르타의 장군이다. 기원전 369년
테바이Tebai가 동맹군을 이끌고 펠로폰네소스로 쳐들어왔을 때, 스
크리티스Skritis 구역을 네오다모데이스Neodamodeis(스파르타 국가
노예인 헤일로타이였다가 공을 세워 해방된 자들) 부대와 테바이
망명자 400명을 데리고 지키고 있었다. 그는 테바이의 동맹군들 중
에 아르카디아군의 공격을 물리칠 뻔했으나 결국 포위되어 전사했
다. 역사가 디오도로스 시쿨루스에 따르면(《역사도서관》 제15권 64
장), 그는 적의 수가 싸워 이길 수 없을 정도로 많은 것을 알게 되자
젊은 병사들은 스파르타로 돌려보내 훗날의 위험을 대비하게 하고,
본인과 나이 든 병사들은 그 자리에 남아 용감히 싸우다 죽었다고
하면서 테르모필라이 전투 때 레오니다스 왕의 용맹과 비길 만하다
는 칭찬을 한다.

47 아르카디아Arcadia는 그리스 펠레폰네소스 반도 중앙부에 위치한 지
역이다. 스파르타가 자리한 라코니아 지방의 북쪽에 있다. 높은 산
맥에 둘러싸인 산악 지역이다.

48 라케다이몬Lakedaimon은 고대 그리스의 도시국가다. 수도는 스파르
타이며 펠로폰네소스 반도의 타이예토스산맥 기슭과 에우로타스강
골짜기에 있었다. 그리스 신화에서 스파르타의 건국자로 나오는 인
물의 이름이기도 하다.

49 사라Sarah는 구약성서에 나오는 아브라함의 아내다. 신앙심이 깊은 부인의 모범으로 인용되곤 한다.

50 이것은 몽테뉴의 착각이다. 레아와 라헬 자매는 모두 야곱의 아내고, 사라는 야곱의 조부 아브라함의 아내다. 〈창세기〉 16장, 30장 참조.

51 리비아Livia Drusilla(기원전 58~기원후 29)는 아우구스투스의 아내다. 남편에게 헌신적이었고 국정에 관해 조언을 하는 등 그에게 많은 영향을 미쳤다.

52 아우구스투스Augustus(기원전 63~기원후 14)는 로마 제국의 초대 황제다. 학술과 문예를 장려하여 로마 문화의 황금시대를 이룩한 인물이다.

53 데이오타루스Deiotarus(기원전 105?~기원전 40)는 톨리스토보고이(지금의 터키 서부)의 테트라르케스(영주)였으며, 나중에 갈라티아의 왕이 되었다. 로마와 공고한 동맹을 맺었으며 로마 공화국의 멸망 원인이 된 로마 장군들의 싸움에 개입했다.

54 아나크레온Anacreon(기원전 582?~기원전 485?)은 그리스의 서정시인으로, 술과 사랑을 주제로 한 아나크레온 풍을 유행시키고 많은 모방자를 배출하였다. 16세기 프랑스 시인 롱사르와 19세기 이탈리아 시인 레오파르디 등이 그의 영향을 받았다.

55 프랑스 왕 샤를 9세Charles IX(1550~1574, 재위 1560~1574)를 말한다. 어머니 카트린 드 메디시스Catherine de Médicis에게 실권을 빼앗겨 신구新舊 양 교도의 대립으로 인한 종교 내란에 말려들었다.

56 《수상록》제1권 30장 〈식인종에 대하여〉는 몽테뉴가 1562년 10월 프랑스 루앙에서 브라질 원주민 세 명을 만나 회견한 것을 계기로, 그때부터 적어도 10여 년이 지난 뒤에 쓴 것이다. 학자들에 따라 17년 후인 1579년에 쓰였다고 보는 견해도 있다. 원주민을 만난 당시 몽테뉴는 29세로, 보르도 고등법원에서 판사로 재직하고 있었다.

57 몽테뉴의 예상은 그 후 사실로 드러났다. 아니 이미 수십 년 전에 맥

시코와 페루에서 살육의 착취가 행해졌다. 그러나 당시 유럽 사람들 대부분은 유럽이 야만을 문명화시킨다고 생각했다. 사실 몽테뉴가 이를 '교류'나 '전쟁'이라고 표현한 것 자체가 말이 안 되는 일이다. 왜냐하면 신대륙의 원주민들은 침략당한 것이고, 앞서 언급한 브라질 원주민들 역시 사실상 끌려온 것이지 교류를 하고자 자발적으로 온 것이 아니기 때문이다.(박홍규, 《몽테뉴의 숲에서 거닐다》, 청어람미디어, 2004, 301쪽 참조)

58 몽테뉴 전문가 앙투안 콩파뇽에 따르면, 신대륙 원주민들이 던진 첫 번째 의문은 몽테뉴의 친구 에티엔 드 라보에시의 명제로 유명한 '자발적 복종'에 관한 것이다. "어떻게 그토록 건장한 성인 남자들이 한낱 어린아이 하나한테 복종하게 된 것일까? 그들의 복종에 어떤 미스터리가 숨어 있는 걸까? 인디언들은 그 정도까지는 아니지만 구대륙의 신성 불가침한 왕권을 이해하지 못했다. 두 번째 스캔들은 부자와 빈자 간의 불평등이었다. 몽테뉴는 세 번째 일이 무엇이었는지는 잊어버렸다고 했다. 탁월한 정치적 의문과 경제적 의문 다음에 어떤 의문이 이어졌을까?" 앙투안 콩파뇽은 몽테뉴가 잊어버렸다고 한 세 번째 의문을 가톨릭교회의 진리와 보편성에서 찾았다. "몽테뉴는 빵과 포도주 속에 실재하는 그리스도의 육신이나 화체설에 대한 자기 생각을 내보이는 위험을 절대로 무릅쓰지 않았다. 하지만 나는 바로 이것이야말로 1562년에 몽테뉴가 루앙에서 만났던 인디언들이 경악한 세 번째 이유라는 생각을 종종 하곤 한다."(앙투안 콩파뇽, 《인생의 맛》, 책세상, 2014, 25~29쪽)

59 원문에는 남성용 짧은 바지haut-de-chausses라고 언급되어 있다. 몽테뉴는 반어적인 수식으로 이 글을 끝맺었다. 그는 우리가 편견과 속단에 빠져 남을 판단하는 버릇이 있다고 꼬집은 것이다. "마음을 활짝 열고 다른 사람을 배려하고 멀리까지 나가서 자기 마을을 방문

하는 사람을 맞이하며 존경을 표하는 원주민들의 태도에 몽테뉴는 크게 감동했던 것 같다."(솔 프램튼, 《내가 고양이를 데리고 노는 것일까, 고양이가 나를 데리고 노는 것일까?》, 책읽는수요일, 2012, 183쪽)

60 이 제목은 로마 황제의 사치를 문제 삼은 앞부분에만 적용될 뿐이고, 그 외의 것들과는 별 상관이 없다. 이 장은 각기 내용이 다른 세 부분으로 구성되어 있다. 신대륙 원주민을 주제로 삼은 것은 마지막 부분이다.

61 루크레티우스, 〈어떤 현상에 대한 설명이 여러 가지여야 하는 이유〉, 《사물의 본성에 관하여De Qerum Nature》 제6권, 703~711.

62 기원전 4세기에 아리스토텔레스와 히포크라테스는 콧구멍을 통해 들어간 이물질에 머리가 반응하여 재채기가 나온다고 설명했다. 그리고 병든 사람이 재채기를 하는 것은 죽음이 임박했다는 의미라 생각하여, 주변 사람이 이런 불길한 재채기를 할 때는 '장수하기를', '건강하기를' 또는 '주피터의 가호가 있기를' 같은 덕담을 하라고 권유했다고 한다.

63 세네카, 《도덕에 관한 서한Epistulae Morales》, 53번째 편지.

64 리비우스, 《로마사Ab Urbe Condita Libri》 XXII, V, 2.

65 메로빙거Merowinger 왕조를 말한다. 5세기부터 8세기까지 있었던 프랑크 왕국 최초의 왕조다. 창시자는 클로비스이며, 7세기경부터 왕실 관리인 궁재宮宰에게 실권이 넘어가면서 혼란을 거듭하다가 카롤링거 왕조가 건립되면서 멸망하였다.

66 마르쿠스 안토니우스Marcus Antonius(기원전 83~기원전 30)는 로마의 정치가이자 장군이다. 카이사르 휘하에 복무하며 각국을 정복하였고, 카이사르가 죽은 뒤에는 옥타비아누스, 레피두스와 함께 제2차 삼두 정치를 실현하였다. 후에 이집트 여왕 클레오파트라에게 매혹

되어 옥타비아누스와 악티움 해전을 치른 끝에 패배하고 스스로 목숨을 끊었다.

67 엘라가발루스Elagabalus(204?~222, 재위 218~222)는 고대 로마의 황제다. 로마에 예로부터 전해오는 종교와 전통을 무시하고 태양신의 숭배를 강요하며 문란한 궁정 생활을 하다가 암살되었다.

68 키벨레Cybele는 아나톨리아의 중서부 지방 프리기아Phrygia에서 섬기던 대지모신이다. 키벨레는 기원전 6세기경 그리스로 들어와 퍼져나갔고, 기원전 203년에는 로마 원로원에서 이 여신에 대한 숭배가 공식적으로 허용되었다.

69 피르무스Gaius Claudius Firmus(?~273)는 이집트에서 스스로 로마 황제라고 이른 인물로 알려져 있다.

70 이소크라테스Isocrates(기원전 436~기원전 338)는 고대 그리스의 변론가다. 아테네에 웅변 학원을 창설하고 수사학을 가르쳤으며, 폴리스 간 분쟁을 멈추고 그리스를 통일하여 페르시아에 대적해야 한다고 주장했다.

71 데모스테네스Demosthenes(기원전 384~기원전 322)는 고대 그리스의 변론가이자 정치가다. 아테네의 자유와 독립을 지키기 위해 반마케도니아 운동을 주도했으나 실패했으며, 마케도니아가 아테네를 정복한 후에 사형을 선고받고 자살하였다.

72 테오프라스토스Theophrastos(기원전 372?~기원전 287?)는 그리스의 철학자로, 아리스토텔레스가 아테네에 세운 리케이온 학원의 원장을 지냈다. 아리스토텔레스 형이상학의 문제점을 연구하였으며, 저서에 《형이상학》, 《식물지》 등이 있다.

73 제226대 교황인 그레고리우스 13세Gregory XIII(1502~1585, 재위 1572~1585)를 말한다. 교회 내부의 개혁과 교육 사업에 힘썼으며, 1582년에 교회법 대전을 완성하고 그레고리력을 제정하였다.

74 프랑스 왕 앙리 2세의 왕비인 카트린 드 메디시스Catherine de Médicis (1519~1589)를 말한다. 메디치가 출신으로, 샤를 9세의 섭정을 하였다. 종교전쟁 때 왕권 유지를 위해 애썼으며, 성바르톨로메오 축일의 학살을 계획했다.

75 퐁네프Pont Neuf는 파리의 센강에 놓인 다리 중 가장 오래된 다리다. 강 복판에 있는 시테섬을 통과하는 이 다리는 1578년에 착공하여 공사가 몇 번 중단된 끝에 앙리 4세 치하인 1607년에 완성되었다.

76 로마의 제6대 황제인 세르비우스 술피키우스 갈바Servius Sulpicius Galba(기원전 3~기원후 69)를 말한다. 역사가 타키투스는 그를 가리켜 "황제가 되지 않았더라도 최고의 권력을 누렸을 인물"이라고 말했다. 매우 공정하게 통치했으나, 그의 고문들은 부패했다고 한다.

77 키케로, 《최고선에 관하여De Finibus》 V, VI, 16.

78 디오니시우스 1세Dionysius I(기원전 432~기원전 367, 재위 기원전 405~367)를 말한다. 시칠리아섬에 있던 도시 시라쿠사를 지배한 그리스인 참주이며, 같은 섬 안에서 카르타고 세력과 싸워 대부분을 지배 아래에 넣고 이탈리아 반도에까지 세력을 뻗쳤다.

79 키케로, 《도덕적 의무에 관하여De Officiis》 II, 15.

80 키루스 2세Cyrus II(기원전 600?~ 기원전 530, 재위 기원전 560?~기원전 546?)를 뜻한다. 고대 페르시아 제국의 건설자이며 아케메네스 왕조의 창건자로 페르시아를 통일하고 신바빌로니아 왕국을 정복하였다. 피정복 민족의 제도와 종교를 존중하여 관용을 베풀었다.

81 크로이소스Kroisos(?~기원전 546?, 재위 기원전 560?~기원전 546?)는 리디아 왕국 최후의 왕이다. 소아시아의 그리스 도시들을 정복하고 왕국의 전성기를 이루었으나, 페르시아의 키루스 2세에게 패하였다.

82 키케로, 《도덕적 의무에 관하여》 I, 14.

83 마케도니아의 왕 필리포스 2세Philippos II(기원전 382~기원전 336)
를 말한다. 알렉산드로스 대왕의 아버지로, 기원전 338년 카이로네
이아 전투에서 아테네와 테베의 연합군을 무찌르고 그리스 전역을
제패하였다. 페르시아 원정 준비 중에 암살되었다.

84 로마의 황제 프로부스Marcus Aurelius Probus(232~282, 재위 276~282)
를 말한다. 외부의 부족을 제국의 영토 내에 정착하도록 허용하는
정책을 펼쳤으나 실패했다. 농업에 관심이 많아 갈리아, 스페인, 브
리튼에서 포도 재배를 장려했다.

85 칼푸르니우스, 《전원시Eclogae》 VII, 47. 칼푸르니우스Titus Calpurnius
(?~?)는 네로 황제 시대의 로마 시인이다. 베르길리우스를 모방하여
전원시를 썼다.

86 유베날리스, 《풍자 시집》 III, 153.

87 진사는 수은으로 이루어진 황화 광물을 말한다. 진한 붉은색을 띠고
다이아몬드 광택이 난다. 흔히 갈아서 안료顏料나 약재로 쓴다. 소합
향은 조록나뭇과의 낙엽 활엽 교목인 소합향나무에서 추출한 수지
樹脂 따위로 만든 환약을 말한다.

88 칼푸르니우스, 《전원시》 VII, 64.

89 고대 그리스의 건축가 헤르모게네스Hermogenes(기원전 3세기 후~
기원전 2세기 초)를 말한다. 소아시아의 프리에네 출신으로, 도리
스 양식을 비판하고 이오니아 양식의 비례에 대해서 새로운 체계를
고안했다. 프리에네에 아테나 폴리아스의 제단을 세웠다.

90 마르티알리스, 《에피그람마Epigramma》 XII, 29, 15. 마르티알리스
Marcus Valerius Martialis(40?~103?)는 로마의 시인이다. 《에피그람
마》 14권으로 당시 로마 사회의 여러 사건과 인물상을 사실적이고
풍자적으로 묘사하였다.

91 칼푸르니우스, 《전원시》 VII, 53.

92 호라티우스, 《송가Odes》 IV, 9, 25.

93 루크레티우스, 《사물의 본성에 관하여》 V, 326~327.

94 고대 그리스 아테네의 솔론Solon을 말한다.

95 키케로, 《신의 본성에 관하여De Natura Deorum》 I, XX, 54.

96 루크레티우스, 《사물의 본성에 관하여》 II, 1136.

97 루크레티우스, 《사물의 본성에 관하여》 V, 330.

98 시빌레Sibylle는 그리스 신화를 비롯한 여러 신화에 등장하는 무녀의
   이름이며, 나중에는 무녀를 총칭하는 일반 개념이 되었다.

99 쿠스코Cuzco는 페루의 동남쪽, 안데스산맥에 있는 고산 도시다. 잉
   카 제국의 수도였다.

100 카스티야Castilla는 1037년부터 1479년까지 이베리아반도의 톨레도
    와 마드리드를 중심으로 발전한 기독교 왕국이다. 뒤에 아라곤 왕국
    과 통합하여 에스파냐 왕국이 되었다.

101 앞에 수록된 제1권 30장 〈식인종에 대하여〉를 참조하라.

102 몽테뉴는 마차와 관련된 일화를 고마라의 《인도 통사》에서 가져왔다.

103 소가토Marcus Porcius Cato Uticensis(기원전 95~기원전 46)는 로마의
    정치가다. 같은 이름을 가진 카토(흔히 둘을 구분하기 위해 대大카
    토와 소小카토라고 부른다)의 증손曾孫으로 스토아철학을 신봉하였
    으며, 공화정을 수호한 것으로 유명하다. 독재자가 되려던 카이사르
    와 싸우다 패하자 그가 지배하는 세상에 살고 싶지 않다는 의지를
    관철하기 위해 자살을 택했다. 플라톤의 《파이돈》을 읽으면서 스스
    로 배를 가르고, 의사의 치료를 거부하고 의연하게 죽음을 맞이하였
    다고 전해진다.

104 쾨양 수도회는 남부 프랑스 지역을 기반으로 한 시토 수도회 소속의
    가톨릭 수도회다. 엄격한 금욕 생활을 했고, 모든 봉토에서 나온 수
    입을 거부했으며, 노동을 생활의 중요한 일과로 삼았다. '쾨양'이라

는 이름은 툴루즈 근처 리외Rieux에 위치한 노트르담 드 푀양 수도 원abbaye de Notre-Dame de Feuillant에서 유래했다.

105 카푸치노 수도회는 프란치스코 수도회에 속하는 독립적인 수도회다. 1525년 마테오 다 바시오가 일으킨 개혁 운동으로 시작되었다. 그들은 뾰족한 두건을 쓰고 턱수염을 기르고 맨발로 다녔으며, 대단히 엄격하고 검소하게 생활했다.

106 키케로, 《투스쿨란의 대화Tusculanae Disputationes》 II, I, 3.

107 호라티우스, 《서간시Epistules》 I, VI, 31~32.

108 키케로, 《투스쿨란의 대화》 V, II, 6.

109 파우사니아스Pausanias(?~기원전 470?)는 페르시아 전쟁에서 활약한 스파르타 지휘관이다. 아기스 왕가 출신으로 클레옴브로토스 1세의 아들이자 레오니다스 왕의 조카였다. 레오니다스가 테르모필라이에서 전사한 뒤 섭정을 했으며, 기원전 479년 그리스 동맹군을 이끌고 플라타이아이에서 페르시아를 무찔렀다. 이듬해에 페르시아 땅이었던 비잔티움을 정복했으나 페르시아와 내통한 것이 발각되어 본국으로 소환되었고, 신전에 감금되어 사망했다.

110 기원전 479년에 플라타이아이Plataeae에서 페르시아와 그리스가 벌인 전투를 말한다. 그리스 연합군이 크게 승리했으며, 페르시아 전쟁을 끝마치는 중요한 계기가 되었다.

111 페르시아 아케메네스 왕조 출신 장군이자 다리우스 1세의 조카인 마르도니오스Mardonios(?~기원전 479)를 말한다. 헤로도토스에 따르면 그는 다리우스의 뒤를 이은 왕 크세르크세스 1세를 부추겨 그리스를 침공하도록 했던 사람 가운데 하나였다. 아케메네스군이 살라미스 해전에서 참패하자 왕을 설득해 아시아로 돌려보낸 뒤 자신은 대군을 이끌고 그리스에 남았다. 아테네를 다른 그리스 동맹국들로부터 고립시키려 했으나 실패한 뒤 아티카에서 철수하다가 기원

전 479년 플라타이아이 전투에서 패해 죽었다.

112 아리스토데모스는 테르모필라이를 방어하던 스파르타군에 속했으나 당시 앓던 질환 때문에 전투를 수행할 수 없어 레오니다스의 명령으로 본국으로 후송되었다. 이에 스파르타인들은 그를 겁쟁이라고 비난했으며, 이는 수년간 계속되었다. 아리스토데모스는 자신의 치욕을 씻기 위해 이후에 벌어진 플라타이아이 전투에서 본대에서 뛰쳐나가 돌격하여 공을 세우고 전사한다. 그러나 몽테뉴가 쓴 것처럼 스파르타인들은 그의 공을 인정하지 않았다.

113 그리스의 철학자이자 전기 작가인 플루타르코스Ploutarchos(46?~120?)를 말한다. 아테네에서 철학을 공부했으며, 후에 로마에서 하드리아누스 황제 때 아카이아(그리스 본토) 지사에 임명되었다. 만년에는 델포이의 아폴로 신전에서 신관을 지내기도 했다. 광범위한 저작 활동을 펼친 것으로 유명하며, 저서에《영웅전》,《윤리론집》등이 있다.

114 카이사르Julius Caesar(기원전 100~기원전 44)는 로마의 군인이자 정치가다. 크라수스, 폼페이우스와 더불어 제1차 삼두 정치를 수립하고 갈리아와 브리타니아를 원정 토벌하였다. 크라수스가 죽은 뒤 폼페이우스를 몰아내고 종신독재관이 되었으나 공화 정치를 옹호한 세력인 브루투스 등에게 암살되었다. 회고록으로《갈리아 전기》와《내란기內亂記》를 남겼다.

115 무사Mousa는 그리스 신화에서 아폴론에게 시중을 드는 학예學藝의 신이다. 고대에는 역사와 천문학을 포함한 학예 일반의 신으로 그 수도 일정하지 않다가, 로마 시대에 들어서면서 각각 맡은 분야가 따로 있는 아홉 여신이 되었다. 오늘날에는 시와 음악의 신이라 이른다.

116 마르티알리스,《에피그람마》VI, 32.

117 마닐리우스, 《천문Astronomica》 IV, 87.

118 루카누스, 《내란기La Pharsale》 I, 128.

119 호라티우스, 《서정시Carmina》 II, I, 23~24.

120 베르길리우스, 《아이네이스》 VIII, 670.

121 몽테뉴는 '판단력'의 기능을 분석하는 이 장에서 3권 107장에 달하는 저작의 제목을 시사하고 있다. 본문에 'essais'라는 복수형 명사와 'essayer'라는 동사가 병기되어 있는데, 이 말은 프랑스어로 '시험(하다)', '시도(하다)', '경험(하다)'를 의미한다. 관례적으로 《수상록》으로 번역하는 몽테뉴의 Les Essais라는 책 제목은 영어의 '에세이essay'와 같은 말이다. '에세'라는 제목은 "그전에 책의 제목으로 쓰인 적이 없다는 점에서 몽테뉴의 독창적인 명명이었으며, 몽테뉴 이후 성립한 하나의 문학 전통을 지칭하기에 이른 것이다."(엔게쓰 가쓰히로 외, 《르네상스 문학의 세 얼굴》, 웅진지식하우스, 2009, 70쪽) 몽테뉴는 "자신에게 질문을 던지고, 그 질문에 대한 사색의 결과물을 담았다는 집필 의도를 표현하기 위해서" 이런 제목을 붙였다고 했다.

122 기원전 48년 그리스 테살리아 지방의 파르살루스(지금의 그리스 파르살라)에서 카이사르와 폼페이우스가 벌인 결전을 말한다. 카이사르의 병력이 열세하였으나 뛰어난 전술로 승리했다. 이로써 폼페이우스의 세력은 괴멸한다.

123 앞에 수록한 제1권 36장 〈소카토에 대하여〉에 언급된 카토Marcus Porcius Cato Uticensis를 말한다.

124 마케도니아의 왕 알렉산드로스Alexandros(기원전 356~기원전 323, 재위 기원전 336~기원전 323)를 말한다. 그리스의 여러 국가를 비롯해 페르시아를 거쳐 인도에 이르기까지 넓은 지역을 정복하여 대제국을 건설하였으며, 그리스 문화와 오리엔트 문화를 융합한 헬레니

즘 문화를 이룩하였다.

125 알렉산드로스 대왕은 기원전 332년 자신의 이름을 붙여 알렉산드리아라는 도시를 건설한 후 이집트의 수도로 삼았으며, 고대 헬레니즘 학문과 과학의 중심지로 만들었다. 이곳에서 유대인들은 그리스인들과 함께 유력한 공동체를 이루었으며, 구약성서의 가장 중요한 번역본인 셉튜아진트본이 번역되었다. 몽테뉴가 쓴 '구절'은 바로 이 구약성서를 말한다.

126 데모크리토스Democritos(기원전 460?~기원전 370?)는 고대 그리스의 철학자로, 원자설原子說에 입각한 유물론을 제창하였다. 원자와 텅 빈 공간들로 이루어진 만물에는 신들이 설 자리가 없다고 본 데모크리토스는 이성적인 절제 속에 '유쾌함', '명랑한 태연함'을 도출하며 '웃는 철학자'라는 명칭을 얻었다. 그는 강단철학자들을 겨냥해 "바보들만 삶에 대한 기쁨이 없다"라고 꼬집었다.

127 헤라클레이토스Heracleitos(기원전 535?~기원전 475?)는 고대 그리스의 철학자로, 탈레스의 학설에 반대하여 만물의 근원은 영원히 사는 불이며, 모든 것은 영원히 생멸하며 변화하는 것이라고 역설하였다. 헤라클레이토스는 유명한 인간 혐오자로 당대 사상가들뿐 아니라 일반인에게도 거침없는 비판을 쏟아내는 독설가였다. 괴팍한 성격 탓에 늘 고독하고 우울증에 시달렸으며, 스스로 은둔자의 삶을 택했다. 자연스럽게 '어둠의 철학자', '우는 철학자'로 불렸다.

128 유베날리스,《풍자 시집》X, 28.

129 디오게네스Diogenes(기원전 412?~기원전 323)는 고대 그리스의 철학자다. 인공적인 편리함을 버리고 소박하며 자연적인 삶을 추구했던 고대 그리스 철학의 한 유파인 견유학파의 한 사람으로, 재물과 명예 등 모든 세속적인 가치를 거부하고 간소한 생활을 추구했다. 알렉산드로스 대왕이 좁은 통 안에서 잠을 자고 있는 디오게네

스를 찾아가 "그대가 바라는 것이 무엇이오?"라고 묻자, 디오게네스는 "앞에서 햇살을 가리지 말고 비켜주시오"라고 대답했다고 전해진다. 이때 알렉산드로스는 측근들에게 "만약 내가 알렉산드로스가 아니었다면, 디오게네스가 되었을 것이다"라고 말했다고 한다.

130 티몬Timon(기원전 320?~기원전 230?)은 고대 그리스의 회의주의 철학자이자 문필가다. 피론의 제자이며, 강의를 통해 명성과 재산을 얻었고 기원전 275년경에 아테네로 은퇴하여 글을 썼다. 6보격 영웅시로 독단적 철학자들을 풍자한 〈실로이Silloi〉를 남겼다.

131 스타틸리우스Titus Statilius Taurus(기원전 60?~기원전 10?)는 로마의 정치가로, 카이사르 암살의 주모자 중 한 사람이었다.

132 헤게시아스Hegesias는 기원전 3세기 무렵 활동했던 그리스의 철학자다. 그의 생애에 관해 알려진 사실은 많지 않다. 키레네학파의 철학자 안니케레스Anniceris의 제자였다고 알려져 있으며, 염세주의적인 방향으로 이론을 발전시켰다. 그는 행복이란 달성할 수 없는 것이며, 삶의 목표는 고통과 슬픔을 피하는 것이라 주장했다. 또한 자살을 옹호했기 때문에, 알렉산드리아에서 가르치는 것을 금지당하기도 했다.

133 테오도로스Theodoros(기원전 335 전~기원전 270 후)는 고대 그리스의 쾌락주의 철학자이자 무신론자다. 정치적, 종교적인 모든 종류의 이타적 행동과 제도를 거부하고 개인의 감각적 쾌락을 추구하는 데만 몰두했다.

134 코르넬리우스 타키투스Publius Cornelius Tacitus(56?~120?)는 1세기에 활동한 로마의 원로원 의원이자 역사가다. 현재 전해지는 저작인 《연대기》와 《역사》는 아우구스투스의 죽음(14년)부터 티베리우스, 클라우디우스, 네로를 거쳐 도미니티아누스의 죽음(96년)까지 로마 황제들의 치세에 관한 기록이다. 가이우스Gaius라는 이름으로도

기록에서 발견된다.

135 로마의 황제였던 타키투스Marcus Claudius Tacitus Augustus(200?~276, 재위 275~276)를 말한다. 짧은 통치 기간 동안 고트인과 헤룰리족에 대항하여 군사 작전을 벌이면서 고티쿠스 막시무스Gothicus Maximus라는 칭호를 받았다.

136 율리아누스 황제Flavius Claudius Julianus(331~363, 재위 361~363)는 고대 로마 황제 콘스탄티누스 대제의 조카였으며, 유명한 학자이자 군사 지휘관이었다. 신플라톤파 철학을 배우고 고전 문화에 심취하였으며, 즉위한 뒤에는 이교異敎로 개종하고 기독교를 공격하여 '배교자'로 불렸다.

137 마케도니아의 알렉산드로스 대왕을 말한다.

138 고대 로마의 장군이자 정치가인 스키피오Publius Cornelius Scipio Africanus(기원전 236~기원전 183)를 말한다. 높은 인품과 뛰어난 통솔력으로 명망이 높았으며, 제2차 포에니 전쟁에서 한니발을 격파하여 전쟁을 종결시켰다. 일명 '대大스키피오'로 불린다.

139 파르티아Parthia는 기원전 247년 이란계 유목민이 카스피해 동남쪽에 세운 고대 왕국이다. 아르사케스Arsakes가 건국하였으며, 기원후 226년 사산 왕조 페르시아의 공격을 받아 멸망했다.

140 마르켈리누스Ammianus Marcellinus(330~391후)는 로마의 군인이자 역사가다. 로마 제국 말기의 역사를 378년까지 기록했고, 율리아누스 황제의 페르시아 원정에 참가했다. 그는 타키투스의 작업을 이어받아 네르바의 즉위부터 발렌스의 죽음까지 로마 제국사를 라틴어로 기록했다.《사건 연대기Rerum Gestarum Libri》라는 제목의 이 역사책은 모두 31권으로 이루어져 있었지만 지금은 353~378년을 다룬 18권만 남아 있다. 기독교 신자가 아니었지만 기독교에 우호적인 편이었으며, 종교 문제에 대해 최대한 객관적인 서술을 했다고 한다.

141 터키 이스탄불 맞은편 보스포루스해협 동부 해안에 있던 고대 해상 도시인 칼케돈Chalcedon을 말한다. 451년 기독교의 4번째 세계교회 회의인 칼케돈 공의회가 열린 곳이다.

142 에우트로피우스Flavius Eutropius(?~387)는 로마 시대의 역사가다. 프랑스 보르도 지방 출신으로 로마 제국 초기의 역사를 서술한 저서 《로마사Eutropii Breviarium ab Urbe Condita》(10권)를 남겼다.

143 로마의 황제 콘스탄티우스 2세Flavius Iulius Constantius(317~361)를 말한다. 콘스탄티누스 대제와 황후인 파우스타 사이에서 태어난 셋째 아들로 323~337년에는 아버지 밑에서 부황제caesar로 있었다. 처음에는 형들인 콘스탄티누스 2세, 콘스탄스 1세와 공동으로 로마 제국을 통치했으나 353~361년에는 단독으로 통치했다. 이교도 박해법을 통과시키고 수많은 가톨릭 주교들을 추방했다.

144 게르만족의 하나인 알레만니족Alemanni을 말한다. 213년에 로마군의 공격을 받으면서 기록상에 등장하여 이후 수년간 로마의 여러 속주를 공격하며 괴롭혔다. 점차 영역을 확장하여 5세기 말에는 알자스와 스위스 북부 지방까지 도달했으나, 496년에 프랑크족의 왕 클로비스 1세에게 정복당했다.

145 게르만족의 하나인 프랑크족Frank을 말한다. 라인강 하류 지방에서 일어나 민족 대이동 때 갈리아 지방으로 진출하였고, 세력을 확대하여 481년 클로비스 1세가 프랑크 왕국을 건설하였다.

146 에파메이논다스Epameinondas(기원전 410?~기원전 362)는 고대 그리스 테바이의 장군이자 정치가다. 테바이를 이끌어 스파르타의 군사적 지배에서 벗어나게 하였고, 그리스 도시국가들의 세력 균형을 유지시키는 데 중요한 역할을 했다. 레욱트라 전투에서 스파르타를 패배시키고 펠로폰네소스 원정을 성공시켰으나 마지막 원정에서 전사했다.

147 파르티아인Parthians은 백인 계통의 유목민인 스키타이족에서 갈라

져 나온 '다하에족' 출신이며, 현재의 우즈베키스탄 지역에서 살다가 남쪽으로 내려와 파르티아 왕국을 세운 유목민이다. 로마 제국의 팽창을 저지한 사막의 전사들로 유명하다.

148 율리우스 카이사르를 암살한 공모자들의 지도자였던 브루투스 Marcus Junius Brutus(기원전 85~기원전 42)를 말한다. 기원전 48년에 갈리아 지방 등에서 총독을 지내며 카이사르의 총애를 받았으나 카이사르가 종신 독재를 시작한 것에 반발해 동지 카시우스 등과 함께 암살을 결행하였다. 옥타비아누스와 안토니우스에게 필리피 전투에서 패하여 자살했다.

본문에 언급된 '마르쿠스 브루투스에 관한 예지몽'의 내용은 다음과 같다. 기원전 44년 3월 15일, 카이사르의 부인 칼푸르니아는 전날 밤 남편이 살해당하는 꿈을 꾸고, 카이사르에게 원로원 회의에 불참할 것을 간청했다. 원로원에 모여 있던 60여 명의 암살자는 카이사르의 회의 참가가 취소되자 경악을 금치 못한다. 그들 중 한 명이 카이사르를 찾아가 회의 불참은 불가능하다고 설득했다. 이 사람이 바로 마르쿠스 브루투스다. 플루타르크코스에 따르면 브루투스는 카이사르를 다음과 같이 설득했다고 한다. "원로원은 당신의 지시로 소집되었습니다. 원로원은 이제 당신이 이탈리아를 제외한 모든 로마의 속주에서 왕이라는 칭호를 쓸 수 있고, 당신이 지나는 모든 바다와 나라에서 왕관을 쓸 수 있다는 법률을 만들 준비가 되어 있습니다. 만약 당신이 심부름꾼을 보내어 지금 모인 사람들에게 칼푸르니아가 좋은 꿈을 꿀 때까지 전부 돌아가 있으라고 한다면 당신을 시기하는 사람들이 뭐라고 하겠습니까? 또한 당신의 친구들이 이러한 행동에 대해 전횡이 아니라고 변호한들 그것이 어떻게 납득될 수 있겠습니까?"(루돌프 K. 골드슈미트 옌트너, 《대결로 보는 세계사의 결정적 순간》, 달과소, 2008, 20쪽)

149 마르켈리누스와 에우트로피우스를 말한다.

150 콘스탄티노플Constantinople은 이스탄불의 옛 이름이다. 기원전 8세
기 말경 그리스인이 비잔티움을 세운 곳으로, 330년 로마의 콘스탄
티누스 1세가 수도로 채택했고, 후에 콘스탄티노플로 개칭되었다.
1453년에는 오스만 제국의 수도가 되었다. 1923년 터키공화국이 수
립되면서 수도가 앙카라로 옮겨졌고, 1930년 이스탄불이라는 이름
으로 공식 개칭되었다.

151 제226대 교황인 그레고리우스 13세는 1582년 2월 24일 교황 칙서
를 발표하고 그때까지 사용하던 율리우스력을 고친 그레고리력을
채택했다. 율리우스력에서는 400년 동안 윤년을 100회 두었는데,
그레고리력에서는 97회의 윤년을 두어서 태양의 위치와 책력을 훨
씬 잘 맞게 했다. 그레고리력에서는 1년을 365.2425일로 하고, 계절
과 달력을 일치시키기 위해 10일을 없앤다. 그 결과 1582년 10월 4일
(목요일) 다음 날은 10월 15일(금요일)로 조정되었다. 프랑스에서
는 12월 9일의 다음 날을 20일로 조정했다.

152 페르시우스Aulus Persius-Flaccus(34~62),《풍자 시집Saturae》V, 20.

153 키케로,《아카데미카Academica》II, 21.

154 리비우스,《로마사》XXVIII, 24.

155 키케로,《점에 대하여De Divinatione》II, 39.

156 아우구스티누스Aurelius Augustinus Hipponensis(354~430),《신국론De
Civitate Dei》VI, 10.

157 프랑스 종교전쟁 때의 유명한 군인이자 궁정인인 느무르Jacques de
Savoie-Nemours(1531~1585)를 말하는 듯하다. 1560년대에 위그노와
그들의 독일 동맹군이 벌인 싸움에서 프랑스 국왕군으로 복무하여
군인으로서 명성을 얻었다. 발루아 궁정에서의 애정 편력도 사람들
의 찬탄 대상이었다. 연대기 작가 피에르 드 브랑톰은 그를 '기사도

의 전형'이라고 묘사했다.

158 세네카,《도덕에 관한 서한》, 118번째 편지.

159 원문을 정확하게 옮겨보면 다음과 같다. "소문이란 정확한 법이 없다. 소문은 지나치는 모든 것을 과장하는 버릇이 있다. 우리의 영광조차도 실제보다는 더 크게 소문이 나 있다."(퀸투스 쿠르티우스 루푸스,《알렉산드로스 대왕 전기》 IX, 2, 충북대학교출판부, 2010, 401쪽)

160 이리스Iris는 그리스 신화에서 신들의 전령이자 심부름꾼으로 등장하는 여신이다. 무지개가 의인화된 신으로 하늘과 땅을 잇는 가교 역할을 했다. 그리스의 서사 시인 헤시오도스의《신들의 계보》에서 이리스는 신들 사이에 분쟁이 생기면 제우스의 명을 받아 저승에 내려가서 스틱스 강물을 떠오는 임무를 맡았다. 그러면 제우스는 스틱스 강물을 술잔에 따른 뒤 신들에게 그것에 대고 맹세하게 했다. 스틱스의 강물에 대고 맹세한 약속은 제우스 자신도 결코 어겨서는 안 되는 것이었다.

161 타우마스Thaumas는 그리스어로 '경이'라는 뜻으로, 그리스 신화에서는 바다의 신 폰토스와 대지의 신 가이아 사이에서 태어난 '바다의 신'이다.

162 피레네산맥 근처 프랑스 남서부에 위치한 작은 마을에 마르탱 게르라는 농부가 있었는데, 결혼한 지 얼마 뒤에 갑자기 사라져버렸다. 그 후 그와 똑같이 생긴 사내가 나타나 아내와 함께 살면서 두 아이까지 낳았는데, 나중에 마르탱 게르가 다시 등장하는 바람에 두 번째 사내는 사기죄로 사형을 당했다. 이것이 이른바 '마르탱 게르 사건'이다. 1560년 4월 30일 툴루즈 고등법원 형사 법정에서 시작된 마르탱 게르에 대한 재판은 같은 해 9월 12일에 최종 판결이 내려지면서 종결된다. 코라스는 재판이 끝난 후 자신이 담당했던 이 기이한 재판을 프랑스어로 기록하여 1561년에《툴루즈 고등법원의 잊을

수 없는 판결》이라는 제목으로 출간한다.

163 아레오파고스Areopagos는 아테네 아크로폴리스 아래 서북쪽에 있는 언덕이다. '아레스 신의 언덕Areios Pagos'이라는 뜻이다. 이곳은 고대 그리스에서 가장 오래되고 유서 깊은 법정이었다. 아테네 시민과 원로들이 모여 주로 살인 같은 중범죄와 관련한 재판이 이루어졌다.

164 타키투스, 《역사Historiae》, 22.

165 키케로, 《아카데미카》 II, 27.

166 소크라테스가 죽을 때 마신 그 독이다. 소크라테스는 "검토되지 않는 삶이란 살 가치가 없다"라는 말을 남긴 채 독미나리즙을 마셨다고 한다. 아테네 법정이 사형 외에 자발적 유배라는 다른 선택지를 주었음에도 그는 서슴없이 사형을 택했다.

167 리비우스, 《로마사》 VIII, XVIII, 11.

168 프리기아의 수도 고르디움을 세운 고르디우스의 전차에는 끝을 찾을 수 없는 복잡하게 얽힌 매듭이 있었는데, 아시아를 정복하는 사람만이 그 매듭을 풀 수 있다고 전해졌다. 알렉산드로스 대왕이 아나톨리아 지방을 지나가던 중 고르디움에서 이 전차를 보았고, 성미가 급했던 그는 칼로 매듭을 끊어버렸다고 한다. "고르디우스의 매듭을 잘랐다"라는 표현은 복잡한 문제를 대담한 방법으로 풀었다는 뜻을 지니고 있다.

169 아우구스티누스의 《신국론》 18의 18에 나오는 인물인 프레스탄티우스Praestantius를 말한다.

170 키케로, 《투스쿨란의 대화》 I, XXV, 60.

171 스키타이족은 기원전 8세기부터 기원전 3세기까지 흑해 동북 지방의 초원 지대에서 활약한 최초의 기마 유목 민족이다. 오리엔트와 그리스 금속 문화의 영향을 받아 무기와 마구馬具를 발달시켜 강대한 왕국을 건설하였다.

172 그리스 신화에 나오는 여자 무인족武人族. 여자만으로 나라를 이루고 전쟁과 사냥으로 생활을 하면서 일정한 때에 다른 종족의 남자와 관계하여 자식을 얻는데, 아들일 경우 죽이거나 불구로 만들었다고 한다. 활쏘기에 지장이 없도록 오른쪽 젖가슴을 도려냈다고 하여 '젖이 없다'는 의미를 가진 '아마존amazon'(a: 부정사, mazos: 젖가슴)으로 불린 것이다.

173 그레고리력에 대한 논의를 말한다.

174 타소Torquato Tasso(1544~1595)는 이탈리아의 시인이다. 르네상스 문학 최후의 시인으로, 그의《해방된 예루살렘》은 후기 르네상스 정신을 완전히 종합한 걸작으로 평가받는다. 유럽 문단에 큰 영향을 주었다.

175 수에토니우스Gaius Tranquillus Suetonius(69?~140?)는 로마 제정 시기의 전기 작가다. 카이사르에서 도미티아누스까지 12황제의 전기를 썼으며, 작품에《황제전》,《명사전名士傳》따위가 있다.

176 게르마니쿠스Caesar Germanicus(기원전 15~기원후 19)는 로마의 장군이자 정치가다. 라인, 카파도키아, 시리아 등지의 전투에 종군從軍하여 공을 세우고 집정관이 되었으나, 안티오키아에서 갑자기 사망했다. 로마의 제3대 황제인 칼리굴라의 아버지이며, 제5대 황제인 네로의 할아버지다.

177 테라메네스Theramenes(?~기원전 404)는 그리스의 직업적 연설문 작가다. 펠로폰네소스 전쟁 패배 후 아테네에 등장한 '30인 참주'를 이끈 지도적 위원이었다. 정치적 견해가 오락가락했다고 해서 변절자라는 평가를 받기도 했다. 무대에서 신는 신발은 보통 좌우의 구별이 없기 때문에 이 사람의 별명이 되었다.

178 인공적인 편리함을 버리고 소박하며 자연적인 삶을 추구했던 고대 그리스 철학의 한 유파流派. '키니코스Cynics'에서 'cynic'은 'canine(개)'

에서 나온 말로 개와 같다는 뜻이어서, '견유학파犬儒學派'라고도 한다. 소크라테스의 제자 안티스테네스Antisthenes에서 비롯되었고, 제자 디오게네스Diogenes에 의해 전파되었다. 디오게네스는 스승의 가르침이었던 자족과 절약, 부끄럼 없음을 철저하게 지키려 했고, 알렉산드로스 대왕 같은 권력자의 말에도 아랑곳하지 않았다.

179 안티고노스Antigonos I Monophthalmos(기원전 382~기원전 301)는 마케도니아의 왕으로, 안티고노스 왕조(기원전 306~기원전 168)를 창건하였다. 탁월한 전략가이며 지휘관이었던 그는 또한 명민한 통치자로서 아테네를 비롯한 여러 그리스 도시국가와 우호 관계를 지속했다. 한쪽 눈이 보이지 않은 까닭에 모노프탈모스(애꾸눈)라는 별명을 얻었다.

180 드라크마Drachma는 고대 그리스 시대에 사용된 은화이며, 현대 그리스의 화폐단위다. 드라크마라는 이름은 '움켜쥐다'라는 그리스어 동사에서 비롯된 것으로서 원래의 가치는 화살 한 움큼에 해당했다. 처음에 드라크마의 가치는 지역마다 달랐으나 아테네가 상권을 주도하기 시작한 기원전 5세기부터 아테네의 드라크마가 주요한 화폐단위가 되었다. 1드라크마는 6오볼로스, 100드라크마는 1미네, 60미네는 1아테네 탈렌트에 해당한다. 알렉산드로스 대왕이 아테네를 정복하면서 아테네 드라크마는 그리스 문화권 전체의 화폐단위가 되었다.

181 6000드라크마에 해당한다.

182 베르길리우스,《농경시》I, 89.

183 이탈리아 속담.

184 클레이토마코스Cleitomachos(기원전 187/186~기원전 110/109)는 그리스의 철학자다. 카르타고 출신으로 기원전 127년(또는 126년)부터 아테네의 신新 아카데메이아 원장을 지냈다. 현명한 사람은 인간

지식의 객관성에 대하여 판단을 중지한 사람이라고 주장했다. 카르네아데스의 제자이며 스승의 학문 해설자였다.

185 카르네아데스Karneades(기원전 214~기원전 129)는 고대 그리스의 철학자다. 진리의 기준을 인정하지 않았고, 특히 스토아학파의 신 존재 증명이나 신의 섭리에 관한 이론을 공격하였다. 지적 회의론을 옹호한다는 이유로 동료 그리스인들의 비판을 받았다.

186 이솝Aesop(기원전 620?~기원전 564)은 그리스의 우화 작가다. 그리스 사모스 왕의 노예였는데 우화를 재미있게 이야기하여 해방되었다고 한다. 작품에 우화집《이솝 이야기》가 있다.

187 몽테뉴의 서재 천장에는 총 54개의 그리스어, 라틴어 경구가 새겨져 있다. 이 가운데 마지막 것이 프랑스어로 되어 있는데, 그것이 바로 '크세주Que sais-je'라는 문장이다. 이 문장은 나중에 프랑스에서 가장 유명한 문고본 시리즈의 이름이 되었다.

188 사라 베이크웰,《어떻게 살 것인가─프랑스 정신의 아버지 몽테뉴의 인생에 관한 20가지 대답》, 책읽는수요일, 2012, 274쪽의 요약 재인용.

189 Sarah Bakewell, *Comment vivre?*, 2013, Albin Michel, 309쪽 [사라 베이크웰, 위의 책]

190 앙투안 콩파뇽,《인생의 맛─몽테뉴와 함께하는 마흔 번의 철학 산책》, 책세상, 2014, 62쪽.

191 "En se renfermant dans un petit lieu, on se retrouve dans la petitesse." Stefan Zweig, *Montaigne*, Le Livre de Poche, 2019, 113쪽 [슈테판 츠바이크,《위로하는 정신─체념과 물러섬의 대가 몽테뉴》, 유유, 2012]

192 "limer et frotter nostre cervelle contre celle d'autrui"(I, 26).

193 이 글에서 언급되는 벤조니의《신대륙의 역사》(1519) 프랑스어 번역본이 1579년에 출간되었으니, 몽테뉴가 이 글을 쓴 것은 대략 1579년

이후로 보인다.

194 이환, 《몽테뉴의 엣세》, 서울대학교출판부, 2004, 252쪽.

195 몽테뉴는 신대륙에 직접 다녀온 적이 없지만, 하인 중에 '남극 프랑스령'으로 불리던 구아나바라만(리우데자네이루만)에서 "10년인지 12년인지 살았던 남자 하인"이 있었다.

196 몽테뉴는 당시 신대륙의 원주민들을 정복하기 위해 동원한 폭력은 물론 그들의 관습과 신앙, 의식을 대하는 오만불손하고 멸시에 찬 태도에 몹시 분개했다. 몽테뉴는 종교가 언어나 생활양식과 마찬가지로 하나의 문화가 만들어낸 표현에 불과하다고 생각했다. "우리는 우리 방식에 따라, 우리의 손으로만, 그들이 다른 종교를 받아들이는 방법과 다르지 않게, 우리의 종교를 받아들인다. [……] 다른 지역, 다른 증인들이라면 엇비슷한 약속과 위험이, 똑같은 방식으로, 전혀 반대되는 믿음을 표현할 수도 있을 것이다. 우리는 우리가 페리고르 지방Périgourdins(몽테뉴가 태어난 보르도를 중심으로 하는 지역) 사람이나 독일 사람으로 태어난 것과 같은 이치로 기독교인이 되었을 뿐이다."(제2권 12장) 몽테뉴의 신앙과 종교에 대해서는 프레데릭 르누아르의 《행복을 철학하다》(책담, 2014), 207~208쪽을 참고하라.

197 '식민정책을 비판한 최초의 철학자' 몽테뉴에 대해서는 《몽테뉴의 숲에서 거닐다》(박홍규 지음, 청어람미디어, 2004) 285~308쪽을 참조했다.

198 이환, 《몽테뉴의 엣세》, 서울대학교출판부, 2004, 263쪽.

199 홋타 요시에, 《위대한 교양인 몽테뉴》 3, 한길사, 1999, 333쪽.

200 이환, 《몽테뉴의 엣세》, 서울대학교출판부, 2004, 267쪽.

201 나와 타인 간의 상호 보완성에 대한 몽테뉴의 생각은 《인생의 맛—몽테뉴와 함께하는 마흔 번의 철학 산책》(앙투안 콩파뇽 지음, 책세

상, 2014) 90~93쪽에 언급되어 있다.

202 서종석,《우정 자유 복종 그리고 카니발리즘》, 한국외국어대학교 지식출판원, 2016, 169쪽.

203 몽테뉴가 읽은 책 속에서 직접 골라 서재 천장의 들보에 적은 경구 중에는 당시 인문주의자들의 좌우명인 테렌티우스의 "내가 인간이라면, 인간과 관련된 것은 어느 것도 나와 무관하지 않다"라는 유명한 경구도 포함되어 있다.

더 읽어야 할 자료들

몽테뉴를 만나기 위해서는 물론 《수상록》을 읽어야 한다. 그러나 안타깝게도 우리나라에는 《수상록》을 제대로 번역한 책이 없다. 홋타 요시에의 《위대한 교양인 몽테뉴》를 번역한 김석희의 말처럼 "이것이 우리나라의 출판 현실이고, 독서 풍토이고, 학계의 실상이다." 따라서 우리는 몽테뉴에 대한 전기와 평전, 개론서 성격의 소책자, 작가나 작품 세계를 알기 쉽게 풀어 쓴 몇몇 에세이의 안내를 받을 수밖에 없다.

홋타 요시에, 《위대한 교양인 몽테뉴》, 김석희 옮김(한길사, 1999)
"몽테뉴의 내면을 살피는 홋타의 눈길은 몽테뉴 자신이 아니고는 그렇게 섬세할 수 없을 정도로 치밀하고 자상합니다. 홋타의 책에는 한 인간에 대한 한 인간의 모든 것이 들어 있습니다. 하나의 인물을 하나의 '평전'에 담아내고 싶다는 작가적 충동 내지는 호기심만으로는 그것을 설명할 수 없습니다. 그것은 애정이나 존경심 이상의 것, 본연적 의미에서의 '신앙'과도 같습니다."(옮긴이의 덧붙임)

슈테판 츠바이크, 《위로하는 정신—체념과 물러섬의 대가 몽테뉴》, 안인희 옮김(유유, 2012)
20세기의 위대한 전기 작가 츠바이크가 생전에 남긴 마지막 작품이다.

종교전쟁과 페스트 시대의 인문주의자인 몽테뉴의 삶을 다룬 이 미완성 원고에서 츠바이크가 추구하던 관용의 정신, 온건한 중도의 가치관을 애틋하게 느낄 수 있다. 저자는 머리말 '몽테뉴에 대한 회고'에서 다음과 같이 적었다. "아직은 젊어서 경험이 부족하거나 좌절을 겪은 적이 없는 사람은 몽테뉴를 제대로 평가하거나 존중하기가 어렵다. 자유롭고도 흔들림이 없는 그의 사색은 우리 세대처럼 운명에 의해 폭포 같은 격동의 세계 속으로 던져진 세대에게 가장 큰 도움이 된다."

앙투안 콩파뇽, 《인생의 맛—몽테뉴와 함께 하는 마흔 번의 철학 산책》, 장소미 옮김(책세상, 2014)

콜레주 드 프랑스의 석학인 앙투안 콩파뇽이 몽테뉴의 《수상록》을 40개의 키워드로 풀어 이야기한 책이다. 2012년 여름 프랑스에서 선풍적인 인기를 끈 라디오 방송 '몽테뉴와 함께하는 여름Un été avec Montaigne'을 묶은 책이기도 하다. 여기에 수록된 '루앙의 인디언', '신세계', '타인', '내기', '박식한 무지'라는 제목의 글에는 이 책에 수록된 몽테뉴의 에세이와 관련된 콩파뇽의 짧지만 행간이 깊은 해설이 들어 있다.

사라 베이크웰, 《어떻게 살 것인가—프랑스 정신의 아버지 몽테뉴의 인생에 관한 20가지 대답》, 김유신 옮김(책읽는수요일, 2012)

'어떻게 살 것인가'라는 한 가지 물음에 대해 몽테뉴가 들려주는 20가지 대답이라는 참신한 구성과 전개 방식으로 일찍이 영미권뿐만 아니라 몽테뉴의 고국 프랑스에서도 많은 독자의 사랑을 받은 책이다. 몽테뉴의 삶과 작품 세계 외에도 그의 정신이 후대의 사상과 예술에 어떠한 영향을 미쳤는지 재미있게 살펴볼 수 있는 매력적인 몽테뉴 입문서다. 특히 제10장 "'습관'이라는 잠에서 깨어나라"를 꼭 읽어보기를 권한다.

솔 프램튼, 《내가 고양이를 데리고 노는 것일까 고양이가 나를 데리고 노는 것일까—내가 나를 쓴 최초의 철학자 몽테뉴의 12가지 고민들》, 김유신 옮김(책읽는수요일, 2012)

《수상록》이라는 걸작이 어떻게 쓰였는지를 몽테뉴의 삶과 연계하여 생동감 있게 그렸다. 제6장에서 몽테뉴의 여행법에 관한 요긴한 정보를 얻을 수 있으며, 그가 "다른 사람들과 어울리며 머리를 갈고닦은" 사례 중에서 가장 흥미로운 이야기인 '식인종에 대하여'에 관한 보충 설명을 들을 수 있다.

이환, 《몽테뉴의 엣세》(서울대학교출판부, 2004)

사람들이 "16세기 프랑스가 낳은 가장 위대한 작품" 《수상록》에서 "어떤 감동과 영감을 얻었는지, 또 어떤 역사적 의미를 읽었는지"를 천착한 책이다. 저자는 몽테뉴가 펼친 정신의 모험 속에서 인간이란 본질적으로 어떤 존재이고, 삶의 의미는 무엇인지, 행동의 원리는 무엇이어야 하는지를 묻는다. 또한 프랑스 역사상 가장 처절했던 시기인 16세기 후반의 역사적·문화적 정황을 함께 살펴보며 "암흑과 절망의 싸움터"를 통과한 한 지성의 증언을 되짚는다.

박홍규, 《몽테뉴의 숲에서 거닐다》(청어람미디어, 2004)

몽테뉴를 서양 중심주의에 반대한 최초의 문화 상대주의자이자 인류학과 민속학과 비교 법학의 선구자, 그리고 과학적 사회학과 심리학의 창립자로 부르며 그의 면모를 솔직하고 자유롭게 소개한다. 저자는 사회란 무엇이고 우리를 둘러싼 세계와 문화를 어떻게 인식할 것인가를 성찰하는 데 그가 우리에게 많은 지혜와 웃음으로 성찰하게 하는 여유를 준다고 말한다.

서종석, 《우정 자유 복종 그리고 카니발리즘―몽테뉴와 라 보에시》(한국외국어대학교 지식출판원, 2016)

《수상록》의 일부 장과 라 보에시의 《자발적 복종론》을 함께 읽으면서, '우정'의 개념과 몇 가지 인본주의적인 주제를 살펴본 책이다. 특히 제5장 (카니발리즘―타자의 초상 혹은 자화상)에서 몽테뉴가 타자와의 만남을 계기로 자신의 정체성을 응시하고, 다양성과 공평, 그리고 사회적 정의에 대해 고민해가는 과정을 몽테뉴의 신대륙 담론을 중심으로 치밀하게 분석한다.

로베르 올로트, 《몽테뉴의 '에세'》, 이선희 옮김(고려대학교출판문화원, 2019)

《수상록》에 대한 연구 측면에서 출발점이 될 수 있는 책이다. 정해진 분량 안에 많은 내용을 담아 다소 난이도가 있다. 그러나 몽테뉴와 《수상록》에 대한 연구 현황을 점검하고자 하는 연구자에게 유익해 보인다. '옮긴이의 말'에 1922~1923년 피에르 빌레의 비평 판본 이후의 몽테뉴에 대한 연구 상황, 2007년의 플레야드Bibliothèque de la Pléiade 신판에까지 이어지는 《수상록》 비평 판본의 정립 현황이 잘 정리되어 있다.

클로드 레비스트로스, 《우리는 모두 식인종이다》, 강주헌 옮김(아르테, 2015)

20세기를 대표하는 석학 레비스트로스는 이 책에 수록된 '몽테뉴와 아메리카 대륙'이라는 글에서 "신세계 발견으로 철학과 정치와 종교에 대한 유럽의 사상이 맞이할 변혁을 몽테뉴만큼 정확히 이해하고 예견한 학자는 없었다"라고 말하면서 다음과 같이 덧붙였다. "계몽기의 철학이 인류 역사에 존재한 모든 사회를 비판하며 합리적 사회의 유토피아를 꿈꾸었다면, 상대주의는 하나의 문화가 권위를 앞세워 다른 문화를 재단하는 절대적인 기준을 거부했다. 몽테뉴 이후로, 그의 선례를 따라 많은 철학자가 이런 모순에서 탈출할 출구를 끊임없이 모색해왔다."

고봉만

덕유산 아랫마을 거창에서 태어났다. 시골 책방에서 책과 함께 어린 시절을 보냈다. 가장 기억에 남는 책으로 쥘 베른의 《15소년 표류기》(원제: 2년 동안의 휴가)가 있다. 이 책이 나에게 펼쳐 보인 장면들은 어머니가 들려준 호랑이나 귀신 이야기와는 또 다른, 가슴 두근거리는 유혹의 숲이었다. 현실 세계에 눈뜨기 전, 책이 들려주는 저 너머의 세계에 나 자신을 길들이던 꿈 많은 날들이었다.

고등학교 졸업 후 법학을 공부해 출세하라는 주위의 권고와 기대를 저버리고 문학을 선택했다. 대학에서는 프랑스 시와 연극에 마음을 빼앗겼고, 거리와 광장보다는 도서관의 후미진 곳과 지하 소극장을 전전했다. 마침내 나는 청계천의 작고 허름한 서점 안에서 몽테뉴의 《수상록》, 루소의 《고백》, 레비스트로스의 《슬픈 열대》 등을 접하게 되었다. 그 책들을 만나고 타인과 나누면서 새로 세계가 열리고 인간의 고유한 자질이 살아 움직이는 것을 깨달았다.

낯선 프랑스 대학에서 유학하면서 여러 유형의 사람과 눈을 맞추고, 그들의 말에 귀를 기울이고, 그들과 더불어 소통하고 살아야 함을 알았다. 다시 찾아 읽은 몽테뉴의 《수상록》은 타인의 '다름'을 어떻게 받아들여야 하는지, 사회란 무엇이고 우리를 둘러싼 세계와 문화를 어떻게 인식해야 하는지, 타인의 부름에 어떻게 마음을 열고 응답해야 하는지를 가르쳐주었다.

현재 충북대학교 프랑스언어문화학과 교수로 재직하며 몽테뉴, 루소, 레비스트로스, 투르니에의 사상을 새롭게 조명하고 성찰하는 한편 색채와 상징, 중세 문장 등에 대한 최신 연구를 번역, 소개하는 일에 몰두하고 있다. 그동안 옮긴 책으로 《역사를 위한 변명》, 《인간 불평등 기원론》, 《나이 듦과 죽음에 대하여》, 《마르탱 게르의 귀향》, 《방드르디, 야생의 삶》, 《색의 인문학》 등이 있다.

수상록 선집
식인종에 대하여 외

초판 1쇄 발행 2020년 10월 21일

지은이 미셸 에켐 드 몽테뉴
옮긴이 고봉만

펴낸이 김현태
펴낸곳 책세상
등록 1975. 5. 21 제1-517호
주소 서울시 마포구 잔다리로 62-1, 3층(04031)
전화 02-704-1250(영업), 02-3273-1334(편집)
팩스 02-719-1258
이메일 editor@chaeksesang.com
광고·제휴 문의 creator@chaeksesang.com
홈페이지 chaeksesang.com
페이스북 /chaeksesang 트위터 | @chaeksesang
인스타그램 @chaeksesang 네이버포스트 | bkworldpub

ISBN 979-11-5931-542-8 04080
      979-11-5931-221-2 (세트)

이 도서의 국립중앙도서관 출판시도서목록(CIP)은 서지정보유통지원시스템 홈페이지
(http://seoji.nl.go.kr)와 국가자료공동목록시스템(http://www.nl.go.kr/kolisnet)에서
이용하실 수 있습니다.(CIP제어번호 : CIP2020040879)

책세상문고·고전의 세계